ÉTONNANTS • CLASSIQUES

MOLIÈRE

Le Bourgeois gentilhomme

*Présentation, notes et dossier
par* Claire Joubaire,
professeur de lettres

*Édition mise à jour
par* Aurélien Belda *et* Samuel Miloux,
professeurs de lettres

Avec la participation de Barbara Laborde,
*professeur en études de cinématographie,
pour « Un livre, un film »*

Flammarion

**De Molière
dans la collection « Étonnants Classiques »**

L'Amour médecin. Le Sicilien ou l'Amour peintre
L'Avare
Le Bourgeois gentilhomme
Dom Juan
L'École des femmes
Les Fourberies de Scapin
George Dandin
Le Malade imaginaire
Le Médecin malgré lui
Le Médecin volant. La Jalousie du Barbouillé
Le Misanthrope
Les Précieuses ridicules
Le Tartuffe

© Éditions Flammarion, 2010.
Édition révisée en 2016 et 2020.
ISBN : 978-2-0815-0711-1
ISSN : 1269-8822
N° d'édition : L.01EHRN000644.N001
Dépôt légal : février 2020
Imprimé par BLACK PRINT (Barcelone)

SOMMAIRE

Présentation 5
Comment Jean-Baptiste Poquelin est devenu Molière 5
Molière, comédien du roi 8
Aux sources de la comédie-ballet 11
Le Bourgeois gentilhomme 14

Le Bourgeois gentilhomme

Acte premier 31
Acte II 45
Acte III 70
Acte IV 113
Acte V 131

Dossier 155

■ Henri Gissey, *Louis XIV en Apollon*, 1653.

PRÉSENTATION

Comment Jean-Baptiste Poquelin est devenu Molière

Un choix inattendu

Quand Jean-Baptiste Poquelin voit le jour à Paris, en 1622, rien ne le destine à devenir un homme de théâtre connu et applaudi sous le nom de Molière.

Il naît dans une famille appartenant à la bourgeoisie aisée. En 1631, son père, qui exerce le métier de tapissier, achète la charge de « tapissier ordinaire et valet de chambre du roi », c'est-à-dire qu'il acquiert le droit de décorer les appartements du roi et l'honneur de faire chaque matin le lit du souverain. Deux ans plus tard, cette charge devient héréditaire : elle doit revenir, de droit, à Jean-Baptiste. Le jeune garçon suit des études secondaires dans le prestigieux collège de Clermont (l'actuel lycée Louis-le-Grand), puis effectue des études de droit à l'université d'Orléans.

Toutefois, en 1643, sa rencontre avec Madeleine Béjart modifie le cours de sa vie. Il tombe amoureux de celle-ci, renonce à prendre la succession de son père et décide de monter, avec la jeune femme et ses frères, une troupe de théâtre qu'ils nomment l'« Illustre-Théâtre ». L'année suivante, Jean-Baptiste Poquelin choisit son pseudonyme : Molière.

Les débuts difficiles de l'Illustre-Théâtre

La décision de Jean-Baptiste de devenir acteur est audacieuse. L'Église porte un regard sévère sur le théâtre[1], et la profession de comédien est méprisée par la société. Il s'agit aussi d'un métier récent : longtemps le théâtre a été pratiqué uniquement en amateur, dans les collèges ou à la cour.

Quand Molière embrasse sa carrière de comédien, le genre dramatique est néanmoins en vogue : son public est de plus en plus nombreux et compte désormais des femmes. C'est une forme de spectacle appréciée en ville par la bourgeoisie, et à la cour par la noblesse. Les Grands du royaume, c'est-à-dire les aristocrates les plus riches et les plus puissants, se plaisent à devenir mécènes[2]. Mais, avant de pouvoir bénéficier de cette protection, les acteurs doivent faire leurs preuves, partir en tournée sur les routes des provinces, dans des conditions difficiles, pour trouver leur public, ou bien tenter de s'imposer à Paris.

Ainsi, les débuts de l'Illustre-Théâtre sont chaotiques. À Paris, la petite troupe doit faire face à la concurrence des compagnies installées de longue date dans la capitale : elle accumule les dettes et fait faillite en 1645, deux ans seulement après sa création. Incapable de rembourser l'argent qu'il doit à ses fournisseurs, Molière est envoyé en prison. Il n'y reste que quelques jours mais mettra, dit-on, plus de vingt ans à s'acquitter de ses dettes.

---

[1]. À l'époque, l'Église considère que le théâtre corrompt les bonnes mœurs et détourne les fidèles de la pratique religieuse.
[2]. *Mécènes* : personnes fortunées qui aident les artistes en leur offrant de généreuses subventions.

De la prison au Palais-Royal

Malgré l'échec de cette première expérience, Molière n'abandonne pas la carrière d'acteur. En compagnie de Madeleine Béjart, il rejoint la troupe itinérante du comédien Dufresne et part en tournée en province.

Molière, qui excelle dans le jeu comique, prend rapidement la tête de la troupe et écrit ses premières comédies : *L'Étourdi*, qu'il monte à Lyon en 1655, puis *Le Dépit amoureux*, représenté à Béziers l'année suivante. La troupe a du succès et reçoit des subventions de la part de mécènes de plus en plus puissants : en 1653, le prince de Conti – troisième personnage le plus important de la cour, après le roi et son frère – lui accorde sa protection, avant de lui retirer son soutien en 1656, quand il se convertit à une forme intransigeante du catholicisme, qui voit le théâtre d'un très mauvais œil. En quête de nouveaux revenus, la troupe revient à Paris.

À son retour dans la capitale, la troupe est rapidement placée sous la protection de « Monsieur », Philippe d'Orléans, frère du roi. C'est ainsi que Molière obtient le privilège de jouer devant le souverain, en octobre 1658. Il choisit d'interpréter une tragédie de Corneille, *Nicomède*, et une farce de sa composition, *Le Docteur amoureux*. Le roi bâille devant la tragédie mais il rit à la petite farce. Dès lors il offre à la troupe de Molière la scène du théâtre du Petit-Bourbon. Elle la partage avec une troupe de comédiens-italiens, menée par le célèbre Tiberio Fiorilli (1600-1694) – plus connu sous le nom de Scaramouche –, interprètes de la *commedia dell'arte*. C'est au théâtre du Petit-Bourbon que Molière remporte son premier succès, *Les Précieuses ridicules*, en 1659. La troupe monte plusieurs farces écrites par Molière : *Le Médecin volant* (1659), *Sganarelle ou le Cocu imaginaire* et *La Jalousie du*

Barbouillé (1660). En 1661, les deux troupes déménagent dans le prestigieux théâtre du Palais-Royal : Molière est devenu l'un des dramaturges les plus célèbres de France, particulièrement apprécié du roi Louis XIV.

Molière, comédien du roi

L'invention des comédies-ballets

À l'occasion d'une fête qu'il organise en l'honneur du roi, Nicolas Fouquet, le surintendant des Finances de Louis XIV, demande à Molière de créer un spectacle avec le compositeur et chorégraphe Pierre Beauchamps. En août 1661, les deux artistes montent *Les Fâcheux*, une comédie dans laquelle s'insèrent des ballets et des chants : c'est la naissance d'une forme de spectacle inédite, qu'on appelle « comédie-ballet ». Amateur de fête, de théâtre, de musique et de danse, Louis XIV est charmé par le spectacle. Dès l'automne 1663, il invite Molière à Versailles, afin qu'il représente plusieurs pièces, dont *Les Fâcheux*. L'année suivante, en 1664, le roi commande à Molière la création d'une nouvelle comédie-ballet, en collaboration cette fois avec un jeune compositeur italien, Lully. Les deux hommes montent *Le Mariage forcé* : Louis XIV lui-même participe au spectacle en tant que danseur, costumé en Espagnol.

Quelques mois plus tard, toujours à la demande du souverain, Molière et Lully collaborent à nouveau pour monter *La Princesse d'Élide*. Ce spectacle constitue une partie des *Plaisirs de l'Île enchantée*, fête somptueuse organisée par Louis XIV en l'honneur de la reine mère et de la reine dans les jardins du château de Versailles. Pendant trois jours, les courtisans participent à cette fête d'une ampleur sans précédent, qui mêle défilé de chevaux (accompagnés d'un ours, d'un chameau et d'un éléphant), courses, ballets, concerts, dîner aux chandelles dans le parc du château, spectacle aquatique et feu d'artifice. Le roi participe au défilé en costume antique. La comédie-ballet de Molière et Lully est présentée le deuxième jour : fait inédit, elle a lieu en plein air, et de nuit. C'est un triomphe, et un véritable tournant dans la carrière de Molière.

Le triomphe à la cour et à la ville

Entre 1664 et 1671, Molière et Lully créent ensemble onze comédies-ballets. Ils montent un spectacle, parfois deux, presque chaque année : après *Le Mariage forcé* et *La Princesse d'Élide* en 1664, ils collaborent pour *L'Amour médecin* en 1665, puis *La Pastorale comique* et *Le Sicilien ou l'Amour peintre* en 1667, *George Dandin* en 1668, *Monsieur de Pourceaugnac* en 1669, *Les Amants magnifiques* et *Le Bourgeois gentilhomme* en 1670, enfin *La Comtesse d'Escarbagnas* et *Psyché* en 1671. Ces spectacles sont mis en scène dans les plus beaux châteaux du roi, à Versailles, Saint-Germain-en-Laye ou Chambord, puis ils sont repris dans une version plus simple sur la scène du Palais-Royal, pour le public parisien. Parallèlement à ces collaborations avec Lully, Molière continue à mettre en scène, à la cour (c'est-à-dire devant le roi) et à la ville (dans la salle du Palais-Royal), d'autres spectacles, dont beaucoup remportent un vif succès. Certains cependant provoquent le scandale. C'est le cas du *Tartuffe* – pièce montée en 1664 pour les *Plaisirs de l'Île enchantée* et aussitôt interdite –, et de *Dom Juan* – pièce créée l'année suivante :

les deux œuvres sont de violentes attaques contre l'hypocrisie religieuse.

Pendant cette période, Louis XIV multiplie les signes d'amitié à l'égard de Molière. En 1664, le monarque accepte d'être le parrain du fils aîné du dramaturge, qui sera prénommé Louis. En 1665, il accorde à la troupe de Molière le titre de « troupe du Roi » et une pension de sept mille livres. En février 1670, il lui confie l'organisation des divertissements royaux de Saint-Germain-en Laye, puis rappelle la troupe à Chambord au mois d'octobre pour monter une nouvelle comédie-ballet : *Le Bourgeois gentilhomme*. C'est un nouveau triomphe, et le roi augmente la pension allouée à Molière et sa troupe.

Le temps des ruptures

Le statut privilégié de Molière, ainsi que ses pièces dans lesquelles il n'hésite pas à attaquer les hommes les plus puissants du royaume, lui attirent de solides rancunes. Ses ennemis lui reprochent son immoralité, dans ses comédies comme dans sa vie privée : quand il épouse Armande Béjart, la sœur cadette de Madeleine, certains n'hésitent pas à affirmer qu'il s'agit en réalité de la fille de Madeleine, voire de la propre fille de Molière. Ses adversaires ont de plus en plus d'influence et Molière perd peu à peu la faveur du roi. En outre, en 1671, une dispute met fin à sa collaboration avec Lully.

Molière, qui lutte depuis de longues années contre la maladie, continue cependant à mettre en scène et à jouer ses spectacles. En 1673, il monte *Le Malade imaginaire*, sa dernière comédie-ballet, dont la musique est composée cette fois par Marc-Antoine Charpentier. Elle n'est pas représentée à la cour, mais au théâtre du Palais-Royal. Il meurt un soir de février, quelques heures après avoir interprété sur scène le rôle-titre de la comédie. Le prêtre arrive trop tard pour lui faire abjurer sa profession de comédien, condition indispensable pour être enterré religieusement. Cependant, grâce à l'intervention de Louis XIV, Molière est inhumé au cimetière Saint-Joseph, près des Halles, au cours d'une cérémonie nocturne. Après sa mort, ses spectacles sont repris, avec beaucoup de succès, aussi bien à la cour qu'à Paris.

Aux sources de la comédie-ballet

La comédie-ballet est un genre composite, qui mêle de manière originale des éléments issus de spectacles très différents : tout oppose, *a priori*, la tradition populaire de la farce, la fantaisie de la *commedia dell'arte* et les ballets sophistiqués que l'on donne dans les palais du roi. C'est pourtant en osant lier ces trois genres que Molière a inventé l'une des formes dramatiques les plus appréciées de son temps.

La farce

La farce est une forme de théâtre comique qui remonte au Moyen Âge. Dans son enfance, Molière a pu assister à ces spectacles populaires : dans les foires, le public est nombreux à apprécier ces comédies, et il arrive que des « opérateurs » (médecins autodidactes qui proposent leurs services à peu de frais) engagent des comédiens pour attirer la foule devant leur échoppe. Les farces sont des pièces courtes qui mettent en scène des personnages issus du peuple, s'exprimant dans un langage familier et frisant la caricature : l'amant rusé, la femme infidèle et le mari cocu font rire le public. Les comédiens n'hésitent pas à recourir à un humour grossier, voire obscène. Le comique s'appuie en grande partie sur le jeu des acteurs : gestes endiablés, imitations des accents les plus divers, mimiques expressives, etc.

Au XVIIe siècle, les farces étaient également jouées dans de vrais théâtres, mais le plus souvent en première partie d'une tragédie. Elles offrent à Molière ses premiers succès : *Sganarelle ou le Cocu imaginaire* et *La Jalousie du Barbouillé* (1660).

La *commedia dell'arte*

Commedia dell'arte signifie en français « théâtre de professionnels ». L'expression désigne une forme théâtrale pratiquée par les premières troupes professionnelles de comédiens italiens entre le milieu du XVIe siècle et la fin du XVIIIe siècle, et qui a provoqué une véritable révolution dans le monde du théâtre. Les spectacles de la *commedia dell'arte* mettent toujours en scène les mêmes personnages, reconnaissables à leur costume et à leur masque : des valets rusés (comme Arlequin), des vieillards avares (comme Pantalon) ou vaniteux (Il Dottore, le « docteur » en italien), des jeunes gens de bonne famille empêchés par leur père d'épouser celles qu'ils aiment... Le texte des pièces n'est pas écrit : un simple canevas, préparé par le chef de troupe, résume les étapes importantes de l'intrigue et les principaux gags (*lazzi*). Le spectacle est créé rapidement au cours des répétitions par les comédiens de la troupe qui privilégient un jeu « naturel », moins codifié que celui des comédiens français de la même époque.

En France, la *commedia dell'arte* apparaît à la fin du XVIe siècle, grâce à des troupes itinérantes qui proposent leurs spectacles en province et à Paris. Au cours des années 1640 et 1650, elle rencontre un succès croissant dans la capitale qui accueille une troupe italienne à partir de 1653 au théâtre du Petit-Bourbon. Le chef de troupe, Scaramouche, au célèbre costume noir, devient une véritable star.

Molière s'inspire régulièrement de la comédie italienne dans ses spectacles : dans *Le Bourgeois gentilhomme*, le personnage de Covielle, le valet astucieux, trouve son origine dans le *zanni*[1] italien, Coviélo. En outre, parmi les danseurs du *Ballet des nations* qui clôt le spectacle, on retrouve « deux Scaramouches, deux Trivelins et un Arlequin », c'est-à-dire des danseurs revêtus des costumes typiques des comédiens de la *commedia dell'arte*.

Les ballets de cour et le théâtre en musique

Louis XIV a le goût des spectacles, qui lui permettent de se mettre en scène en monarque tout-puissant, et il apprécie particulièrement la musique et la danse. Cette dernière occupe une place très importante à la cour du Roi-Soleil, dont elle contribue à fonder le mythe. Le souverain finance de nombreux et magnifiques ballets de cour, par exemple *Les Fêtes de Bacchus* en 1651 et *L'Amour malade* en 1657. Ces spectacles auxquels participe la noblesse mêlent danses et chants, parfois accompagnés de courts dialogues. Sans constituer une intrigue, les différents tableaux sont liés entre eux par un thème.

Avant de composer ses comédies-ballets, Molière a assisté à de nombreux ballets de cour, et il a conçu le ballet des *Incompatibles*, dansé à Montpellier en 1655 devant le prince et la princesse de Conti. *Le Bourgeois gentilhomme* se clôt sur le *Ballet des nations*, qui peut être considéré comme un véritable ballet de cour.

---

1. ***Zanni***, diminutif de ***Giovanni***, est le nom italien qui désigne le rôle du valet rusé.

Si elle emprunte à ce genre, la comédie-ballet s'inspire aussi des mises en scène spectaculaires à la mode dans les années 1660 : les courtisans ont l'habitude d'assister à des tragédies mythologiques à machines (c'est-à-dire avec des effets spéciaux). La tragédie *Médée*, écrite par Corneille en 1635, se clôt ainsi par l'envol de la magicienne. Peu à peu, au cours des années 1650, sous l'influence de l'opéra italien, théâtre et musique se mêlent. On peut assister à la cour à de nombreuses pastorales chantées, pièces qui mettent en scène les amours de bergers et de bergères, reprenant ainsi un thème littéraire datant de l'Antiquité. Cette mode explique la réaction du héros du *Bourgeois gentilhomme* (acte I, scène 2) : « Pourquoi toujours des bergers ? On ne voit que cela partout. » Certaines tragédies sont également accompagnées de musique, comme *Andromède* de Corneille, montée en 1650 en collaboration avec le musicien d'Assoucy, malgré les réticences exprimées par le dramaturge envers la musique. Molière monte cette pièce avec sa troupe trois ans plus tard, à Lyon. Renouant avec la tradition antique, théâtre et musique y sont combinés, mais les passages musicaux sont indépendants de l'intrigue.

En inventant la comédie-ballet, Molière s'inscrit dans une tradition qu'il renouvelle profondément.

Le Bourgeois gentilhomme

Une « turquerie » commandée par le roi

D'après les Mémoires du chevalier d'Arvieux, ambassadeur du roi auprès de l'Empire ottoman, quand Louis XIV fait venir la troupe de Molière à Chambord en octobre 1670, il lui commande explicitement une «turquerie», c'est-à-dire une pièce qui mette en scène des Turcs. Il veut se venger de l'affront qu'il a essuyé de la part d'un envoyé du Grand Turc – le souverain du puissant Empire ottoman. En effet, en novembre 1669, Soleman Aga, un ambassadeur du sultan, a été reçu par Louis XIV au château de Saint-Germain-en-Laye. Mais alors que la rencontre avait été préparée avec soin par le roi de France comme une somptueuse cérémonie à la turque, l'envoyé du sultan ne sembla manifester que dédain et indifférence pour cet égard. Au-delà de cette anecdote, il n'est pas étonnant que, en octobre 1670, le souverain ait souhaité voir une «turquerie», car le genre était alors particulièrement à la mode.

Pour répondre à la demande du roi, Molière invente une comédie mettant en scène, non pas de véritables Turcs, mais des personnages jouant des Turcs afin de duper le protagoniste principal de la pièce, M. Jourdain.

L'apothéose de la comédie-ballet

La commande reçue par Molière spécifie également qu'il doit collaborer avec le musicien Lully afin de créer une comédie-ballet – genre que le dramaturge a lui-même inventé, et dans lequel il excelle. *Le Bourgeois gentilhomme* constitue la neuvième collaboration des deux artistes, qui sont alors au sommet de leur art. Dans cette «comédie mêlée de musiques et de danses», prend place, entre chaque acte, un intermède chanté et dansé ou dansé seulement et, à la fin de la pièce, un ballet; en outre, la musique et la danse interviennent également au sein même des scènes de comédie, en particulier dans le premier acte. En effet, l'intrigue et les passages musicaux entretiennent un lien étroit : le spectacle s'ouvre sur les cours de musique et de chant de M. Jourdain

– soucieux de recevoir l'éducation d'un noble –, qui sont une manière d'introduire naturellement des scènes chantées et dansées dans la comédie.

La satire d'un bourgeois ridicule

Molière est resté célèbre pour avoir réhabilité la comédie à la cour en accordant une fonction noble au rire, celle de corriger les mœurs des hommes : « Le devoir de la comédie étant de corriger les hommes en les divertissant, j'ai cru que, dans l'emploi où je me trouve, je n'avais rien de mieux à faire que d'attaquer par des peintures ridicules les vices du siècle », affirme-t-il dans le *Premier Placet au roi sur la comédie du Tartuffe* (1664). Dans *Le Bourgeois gentilhomme*, il dénonce les ridicules de la bourgeoisie telle qu'elle est représentée par M. Jourdain, dont l'attitude relève moins d'une volonté d'ascension sociale que de ce que, aujourd'hui, on nommerait « snobisme » – volonté, pour un individu, de se distinguer de la catégorie sociale à laquelle il ressortit en adoptant le comportement d'une classe qui lui est supérieure, en l'occurrence l'aristocratie.

Ainsi, le titre de la pièce met l'accent sur le statut social du personnage. M. Jourdain est un « bourgeois », qui appartient plus particulièrement à la bourgeoisie marchande, puisque son père était commerçant. Bien avant de trouver une expression dans la recherche d'anoblissement de sa fille par un beau mariage, le désir de M. Jourdain de devenir « gentilhomme » (noble) se traduit par ses tentatives d'adoption du mode de vie de l'aristocratie. Il veut recevoir à l'âge adulte l'éducation donnée dès son plus jeune âge à l'homme de bonne famille : cours de danse (pour participer aux nombreux ballets organisés par les Grands du royaume), de chant, d'armes (l'épée est l'attribut traditionnel de la noblesse) et de philosophie. Face à ses maîtres, le vieil élève se montre plutôt maladroit et particulièrement naïf : bien qu'il possède la richesse des « gens de qualité », c'est-à-dire des nobles, il ne parvient pas à imiter leur élégance très travaillée, mais dont toute la valeur réside dans l'apparence de naturel.

La naïveté du personnage permet d'introduire la « turquerie », chère à Louis XIV : quand, pour le tromper, on annonce à M. Jourdain que le fils du « Grand Turc » a décidé d'épouser sa fille et de le hisser au rang de « *mamamouchi* », celui-ci, aveuglé par la promesse d'un titre de noblesse, se laisse tromper très facilement. C'est surtout quand M. Jourdain se confronte à deux nobles authentiques, Dorante et Dorimène, qu'éclate la différence entre le « bourgeois gentilhomme » et les jeunes aristocrates : voulant jouer à l'honnête homme[1], l'innocent bourgeois multiplie les maladresses et les balourdises qui font rire non seulement, sur scène, les personnages de la pièce, mais également, dans la salle, les spectateurs – rappelons que les premiers à voir la comédie étaient justement les « gens de qualité » invités au spectacle par Louis XIV, qui maniaient parfaitement tous les arts que M. Jourdain tente laborieusement d'apprendre. À travers le portrait de ce personnage grotesque, Molière fait donc la satire de ceux qui se ridiculisent en tentant de passer pour ce qu'ils ne sont pas.

---

1. *Honnête homme* : homme distingué, qui maîtrise l'art de plaire, tant par ses manières que par son esprit.

■ Théâtre sur lequel fut représentée la comédie-ballet *La Princesse d'Élide*, lors des *Plaisirs de l'Île enchantée*, à Versailles (1664). Gravure d'Israël Silvestre.

CHRONOLOGIE

1622 1673
1622 1673

- Repères historiques et culturels
- Vie et œuvre de l'auteur

Repères historiques et culturels

1610	Assassinat d'Henri IV. Louis XIII n'a que neuf ans : sa mère, Marie de Médicis, assure la régence.
1617	Début du règne personnel de Louis XIII.
1624	Richelieu devient chef du Conseil du roi.
1629	Succès de *Mélite*, comédie de Corneille.
1634-1639	Richelieu fait construire le futur Palais-Royal.
1635	Corneille, *Médée* (première tragédie de l'auteur). Dans la dernière scène, la magicienne s'envole grâce aux machines du décor.
1636	Corneille, *L'Illusion comique* (la comédie connaît le succès) et *Le Cid* (la tragi-comédie remporte un triomphe), au théâtre du Marais.
1638	Naissance du futur Louis XIV, fils de Louis XIII et de la reine Anne d'Autriche.
1639	Naissance de Racine.
1640	Arrivée à Paris de Tiberio Fiorilli, dit Scaramouche, et de sa troupe de comédiens italiens.
1642	Mort de Richelieu ; Mazarin devient Premier ministre. Création de la congrégation de Saint-Sulpice, hostile au théâtre et qui combattra Molière.
1643	Mort de Louis XIII. Début du règne de Louis XIV, qui n'a que cinq ans. Sa mère, Anne d'Autriche, assure la régence, secondée par Mazarin.
1644	Un incendie détruit la salle du théâtre du Marais. Ouverture, quelques mois plus tard, d'une nouvelle salle, dotée de machines.

Vie et œuvre de l'auteur

1622 Naissance à Paris de Jean-Baptiste Poquelin.

1631 Son père achète la charge de «tapissier et valet de chambre ordinaire du roi».

1633-1639 Jean-Baptiste effectue sa scolarité au collège de Clermont (l'actuel lycée Louis-le-Grand).

1637 Il s'engage à reprendre la charge de son père, devenue héréditaire.

1640 Il fait des études de droit à Orléans.

1642 Il abandonne la carrière d'avocat.

1643 Il renonce à la charge de «tapissier et valet de chambre ordinaire du roi». Il fonde l'Illustre-Théâtre avec les Béjart.

1644 Jean-Baptiste Poquelin prend le nom de Molière.

Repères historiques et culturels

1647	Rossi (pour la musique) et Butti (pour le livret), *Orfeo* (opéra italien).
1648-1652	La Fronde : un certain nombre de parlementaires puis de princes se révoltent contre le pouvoir royal. Mazarin aide le roi à rétablir son autorité.
1650	Corneille, *Andromède* (tragédie).
1653	Une troupe de comédiens italiens s'installe au théâtre du Petit-Bourbon.
1654	Sacre de Louis XIV.
1655	Charles de Beys (pour le texte) et Michel de La Guerre (pour la musique), *Le Triomphe de l'amour sur les bergers et les bergères* (première pièce de théâtre entièrement chantée, représentée au Louvre).

Vie et œuvre de l'auteur

1645 L'aventure de l'Illustre-Théâtre s'achève par une faillite. Couvert de dettes, Molière est emprisonné au Châtelet. Un ami intervient aussitôt pour le faire libérer. Molière et les Béjart rejoignent la troupe itinérante de Dufresne : début des tournées en province.

1650 La troupe reçoit une pension et Molière devient chef de troupe.

1653 Molière réalise la mise en scène d'*Andromède* de Corneille, avec une musique de Charles Copeau d'Assoucy.
Le prince de Conti accorde sa protection à la troupe.

1655 *L'Étourdi ou les Contretemps* (première comédie écrite par Molière jouée à Lyon).

1656 *Le Dépit amoureux* (farce jouée à Béziers).

1657 Le prince de Conti retire sa protection à la troupe de Molière.

1658 Retour de Molière et de sa troupe à Paris. Monsieur, frère du roi, leur accorde sa protection.
Première représentation devant Louis XIV : *Nicomède* (tragédie de Pierre Corneille) et *Le Docteur amoureux* (farce de Molière). La troupe s'installe au théâtre du Petit-Bourbon.

1659 *Le Médecin volant* (farce) et *Les Précieuses ridicules* (comédie).

Repères historiques et culturels

1660   Mariage de Louis XIV et de Marie-Thérèse, infante d'Espagne. Destruction du théâtre du Petit-Bourbon.

1661   Mort de Mazarin. Début du règne personnel de Louis XIV. Début de la construction du château de Versailles. Travaux de réhabilitation du théâtre du Palais-Royal.

1662   Création de l'Académie royale de danse.

1663   Louis XIV attribue les premières pensions aux hommes de lettres et fonde l'Académie des inscriptions et belles-lettres.

1664   Du 7 au 9 mai : *Les Plaisirs de l'Île enchantée*, festivités données par le roi au château de Versailles. Racine, *La Thébaïde* (première tragédie de l'auteur).

1665   Racine, *Alexandre le Grand* (tragédie, dédiée à Louis XIV).
Benserade (pour le livret), Lully (pour la musique), *La Naissance de Vénus* (ballet, où Louis XIV apparaît en Alexandre le Grand).

1666   Mort d'Anne d'Autriche. Fondation de l'Académie royale des sciences.

Vie et œuvre de l'auteur

1660 *La Jalousie du Barbouillé* et *Sganarelle ou le Cocu imaginaire* (farces).

1661 Installation au théâtre du Palais-Royal. *Les Fâcheux* (première comédie-ballet jouée à l'occasion d'une fête donnée par Nicolas Fouquet, en présence du roi) et *L'École des maris* (petite comédie qui préfigure *L'École des femmes*, représentée au Palais-Royal).

1662 Molière épouse Armande Béjart, la sœur de Madeleine. Premier séjour de la troupe à la cour.
L'École des femmes (première grande comédie de mœurs) crée un grand débat, pendant plus d'un an.

1663 Molière répond aux vives critiques contre *L'École des femmes* dans deux comédies : *La Critique de l'École des femmes* et *L'Impromptu de Versailles*. Le roi accorde à la troupe une subvention de mille livres par an.

1664 *Le Mariage forcé* (comédie-ballet donnée au palais du Louvre) constitue la première collaboration de Molière avec Lully.
En mai, la troupe participe aux *Plaisirs de l'Île enchantée* ; elle reprend *Le Mariage forcé* et crée *La Princesse d'Élide*, en collaboration avec Lully (comédie-ballet). La pièce *Le Tartuffe* (grande comédie) est interdite.
Louis XIV accepte d'être le parrain du fils de Molière, Louis.

1665 *L'Amour médecin* (comédie-ballet jouée au château de Versailles). La troupe obtient le titre de «troupe du roi» et une pension de sept mille livres.
Dom Juan (grande comédie). La pièce fait scandale ; elle est retirée de l'affiche.

1666 *Le Misanthrope* (grande comédie) et *Le Médecin malgré lui* (farce).

Repères historiques et culturels

1666-1667 Du 2 décembre 1666 au 19 février 1667 : grandes fêtes au château de Saint-Germain-en-Laye, au cours desquelles est représenté le *Ballet des Muses*, imaginé par Benserade.

1667 Racine, *Andromaque* (tragédie).

1668 La Fontaine, *Fables* (parution des six premiers livres).
Racine, *Les Plaideurs* (comédie).
Au château de Versailles, le *Grand Divertissement royal* célèbre la victoire du roi en Flandres.

1669 Fondation de la première Académie royale de musique.

1672 Louis XIV installe la cour à Versailles.

1673 Quinault (pour le livret) et Lully (pour la musique), *Cadmus et Hermione* (première tragédie lyrique ou «tragédie en musique»).

1674 Les *Divertissements de Versailles* célèbrent la conquête de la Franche-Comté. On y joue *Le Malade imaginaire*.

Vie et œuvre de l'auteur

1667 *Mélicerte* (comédie pastorale), *Pastorale comique* et *Le Sicilien ou l'Amour peintre*, en collaboration avec Lully (comédies-ballets); les pièces sont créées à l'occasion du *Ballet des Muses*, au château de Saint-Germain-en-Laye.

1668 *Amphitryon* (comédie d'intrigue) et *L'Avare* (grande comédie). *George Dandin*, en collaboration avec Lully (comédie-ballet); la pièce est créée au château de Versailles dans le cadre du *Grand Divertissement royal*.

1669 Autorisation de jouer *Le Tartuffe*. La pièce rencontre un grand succès.
Monsieur de Pourceaugnac (comédie-ballet), en collaboration avec Lully; la pièce est représentée au château de Chambord.

1670 *Les Amants magnifiques* et *Le Bourgeois gentilhomme*, en collaboration avec Lully (comédies-ballets). La première pièce est jouée au château de Saint-Germain-en-Laye, la seconde au château de Chambord.

1671 *Psyché*, en collaboration avec Lully (tragédie-ballet à grand spectacle représentée aux Tuileries) et *Les Fourberies de Scapin* (comédie créée au théâtre du Palais-Royal). *La Comtesse d'Escarbagnas*, en collaboration avec Lully (comédie-ballet donnée au château de Saint-Germain-en-Laye).
Mort de Madeleine Béjart.
Une dispute met fin à la collaboration de Molière et de Lully.

1672 *Les Femmes savantes* (grande comédie).

1673 *Le Malade imaginaire*, avec une musique de Marc Antoine Charpentier (comédie-ballet).
Mort de Molière.

■ La cérémonie turque (intermède de l'acte IV) dans la mise en scène de Benjamin Lazar, en 2004, avec Olivier Martin dans le rôle de M. Jourdain (reprise de la version originale jouée à Chambord par Lully et Molière). Voir dossier de l'édition, p. 184-185.

© Photo Pascal Victor/ArtComArt

Le Bourgeois gentilhomme

Comédie-ballet
faite à Chambord, pour le divertissement du roi,
au mois d'octobre 1670,
et représentée en public, à Paris,
pour la première fois, sur le théâtre du Palais-Royal,
le 23 novembre 1670
par la troupe du Roi.

Personnages

M. JOURDAIN, bourgeois.
MME JOURDAIN, sa femme.
LUCILE, fille de M. Jourdain.
NICOLE, servante.
CLÉONTE, amoureux de Lucile.
COVIELLE, valet de Cléonte.
DORANTE, comte, amant[1] de Dorimène.
DORIMÈNE, marquise.
MAÎTRE DE MUSIQUE
ÉLÈVE DU MAÎTRE DE MUSIQUE
MAÎTRE À DANSER
MAÎTRE D'ARMES
MAÎTRE DE PHILOSOPHIE
MAÎTRE TAILLEUR
GARÇON TAILLEUR
DEUX LAQUAIS[2]
Plusieurs musiciens, musiciennes, joueurs d'instruments, danseurs, cuisiniers, garçons tailleurs, et autres personnages des intermèdes et du ballet.

La scène est à Paris.

---

1. *Amant* : celui qui aime et qui est aimé de retour.
2. *Laquais* : valets.

L'ouverture[1] se fait par un grand assemblage d'instruments ; et dans le milieu du théâtre on voit un élève du Maître de musique, qui compose[2] sur une table un air que le Bourgeois a demandé pour une sérénade[3].

Acte premier

Scène première

MAÎTRE DE MUSIQUE, MAÎTRE À DANSER, TROIS MUSICIENS, DEUX VIOLONS, QUATRE DANSEURS

MAÎTRE DE MUSIQUE, *parlant à ses musiciens.* – Venez, entrez dans cette salle, et vous reposez là, en attendant qu'il[4] vienne.
MAÎTRE À DANSER, *parlant aux danseurs.* – Et vous aussi, de ce côté.
MAÎTRE DE MUSIQUE, *à l'élève.* – Est-ce fait ?
L'ÉLÈVE. – Oui.
MAÎTRE DE MUSIQUE. – Voyons… Voilà qui est bien.

---

1. Ouverture : morceau de musique par lequel commence le spectacle.
2. Les spectateurs voient l'élève en train de chanter la mélodie, de la reprendre, de raturer sa partition… D'après Charles Mazouer, dans *Molière et ses comédies-ballets* (Honoré Champion, 2006), l'élève commettait des fautes musicales, que le public de l'époque pouvait relever, ce qui rendait la scène amusante.
3. Sérénade : concert destiné à être donné la nuit, sous les fenêtres de la dame aimée.
4. Il : désigne M. Jourdain.

MAÎTRE À DANSER. – Est-ce quelque chose de nouveau ?
MAÎTRE DE MUSIQUE. – Oui, c'est un air pour une sérénade, que je lui[1] ai fait composer ici, en attendant que notre homme fût éveillé.
MAÎTRE À DANSER. – Peut-on voir ce que c'est ?
MAÎTRE DE MUSIQUE. – Vous l'allez entendre, avec le dialogue[2], quand il viendra. Il ne tardera guère.
MAÎTRE À DANSER. – Nos occupations, à vous et à moi, ne sont pas petites maintenant.
MAÎTRE DE MUSIQUE. – Il est vrai. Nous avons trouvé ici un homme comme il nous le faut à tous deux ; ce nous est une douce rente[3] que ce M. Jourdain, avec les visions[4] de noblesse et de galanterie[5] qu'il est allé se mettre en tête ; et votre danse et ma musique auraient à souhaiter que tout le monde lui ressemblât.
MAÎTRE À DANSER. – Non pas entièrement ; et je voudrais pour lui qu'il se connût mieux qu'il ne fait aux choses que nous lui donnons[6].
MAÎTRE DE MUSIQUE. – Il est vrai qu'il les connaît mal, mais il les paye bien ; et c'est de quoi maintenant nos arts ont plus besoin que de toute autre chose.
MAÎTRE À DANSER. – Pour moi, je vous l'avoue, je me repais[7] un

---

1. *Lui* : désigne l'élève, qui est en train de composer la sérénade.
2. *Dialogue* : œuvre musicale pour deux ou plusieurs voix accompagnées d'instruments qui se répondent alternativement.
3. *Rente* : rentrée d'argent régulière.
4. *Visions* : idées folles.
5. *Galanterie* : élégance, raffinement.
6. *Qu'il se connût mieux* […] *nous lui donnons* : qu'il eût une meilleure connaissance, que celle qu'il a réellement, des arts que nous lui enseignons.
7. *Me repais* : me nourris, me délecte.

peu de gloire[1] ; les applaudissements me touchent ; et je
tiens que, dans tous les beaux-arts, c'est un supplice assez
fâcheux que de se produire[2] à des sots, que d'essuyer[3] sur
des compositions la barbarie[4] d'un stupide. Il y a plaisir,
ne m'en parlez point[5], à travailler pour des personnes
qui soient capables de sentir les délicatesses d'un art, qui
sachent faire un doux accueil aux beautés d'un ouvrage,
et par de chatouillantes[6] approbations vous régaler[7] de
votre travail. Oui, la récompense la plus agréable qu'on
puisse recevoir des choses que l'on fait, c'est de les voir
connues, de les voir caressées[8] d'un applaudissement qui
vous honore. Il n'y a rien, à mon avis, qui nous paye
mieux que cela de toutes nos fatigues ; et ce sont des
douceurs exquises que des louanges éclairées[9].

MAÎTRE DE MUSIQUE. – J'en demeure d'accord, et je les goûte
comme vous. Il n'y a rien assurément qui chatouille[10]
davantage que les applaudissements que vous dites.
Mais cet encens[11] ne fait pas vivre ; des louanges toutes
pures ne mettent point un homme à son aise : il y faut
mêler du solide ; et la meilleure façon de louer, c'est de

---

1. *Gloire* : ici, honneurs.
2. *Se produire* : présenter son travail.
3. *D'essuyer* : de supporter.
4. *Barbarie* : grossièreté.
5. *Ne m'en parlez point* : cela va sans dire.
6. *Chatouillantes* : agréables.
7. *Régaler* : récompenser.
8. *Caressées* : flattées.
9. *Louanges éclairées* : compliments faits par des gens dont le jugement s'appuie sur des connaissances.
10. *Chatouille* : fait plaisir.
11. *Encens* : flatterie.

louer avec les mains[1]. C'est un homme, à la vérité, dont les lumières[2] sont petites, qui parle à tort et à travers de toutes choses, et n'applaudit qu'à contre-sens ; mais son argent redresse les jugements de son esprit ; il a du discer-
⁵⁵ nement dans sa bourse ; ses louanges sont monnayées ; et ce bourgeois ignorant nous vaut mieux, comme vous voyez, que le grand seigneur éclairé[3] qui nous a introduits ici.

Maître à danser. – Il y a quelque chose de vrai dans ce que
⁶⁰ vous dites ; mais je trouve que vous appuyez un peu trop sur l'argent ; et l'intérêt est quelque chose de si bas qu'il ne faut jamais qu'un honnête homme[4] montre pour lui de l'attachement.

Maître de musique. – Vous recevez fort bien pourtant l'argent
⁶⁵ que notre homme vous donne.

Maître à danser. – Assurément ; mais je n'en fais pas tout mon bonheur, et je voudrais qu'avec son bien il eût encore quelque bon goût des choses.

Maître de musique. – Je le voudrais aussi, et c'est à quoi
⁷⁰ nous travaillons tous deux autant que nous pouvons. Mais, en tout cas, il nous donne moyen de nous faire connaître dans le monde ; et il payera pour les autres ce que les autres loueront pour lui.

Maître à danser. – Le voilà qui vient.

---

1. *Louer avec les mains* : ici, en donnant de l'argent, et non en applaudissant.
2. *Lumières* : connaissances.
3. Il s'agit de Dorante.
4. *Honnête homme* : homme distingué, qui maîtrise l'art de plaire, tant par ses manières que par son esprit.

Scène 2

M. Jourdain, deux laquais, Maître de musique,
Maître à danser, violons, musiciens et danseurs

M. Jourdain. – Hé bien, Messieurs ? qu'est-ce ? Me ferez-vous voir votre petite drôlerie[1] ?

Maître à danser. – Comment ? quelle petite drôlerie ?

M. Jourdain. – Eh la... comment appelez-vous cela ? votre prologue ou dialogue de chansons et de danse.

Maître à danser. – Ah ! ah !

Maître de musique. – Vous nous y voyez préparés.

M. Jourdain. – Je vous ai fait un peu attendre, mais c'est que je me fais habiller aujourd'hui comme les gens de qualité[2] ; et mon tailleur m'a envoyé des bas de soie[3] que j'ai pensé ne mettre jamais.

Maître de musique. – Nous ne sommes ici que pour attendre votre loisir[4].

M. Jourdain. – Je vous prie tous deux de ne vous point en aller, qu'on ne m'ait apporté[5] mon habit, afin que vous me puissiez voir.

Maître à danser. – Tout ce qu'il vous plaira.

M. Jourdain. – Vous me verrez équipé comme il faut, depuis les pieds jusqu'à la tête.

Maître de musique. – Nous n'en doutons point.

---

1. *Drôlerie* : spectacle bouffon.
2. *Gens de qualité* : nobles de naissance.
3. La ***soie*** est rare et chère au XVIIe siècle ; un bourgeois n'en porte généralement pas ; on la trouve plutôt sur les costumes des nobles, et particulièrement les costumes de danse.
4. *Votre loisir* : le moment où vous serez disponible.
5. *Qu'on ne m'ait apporté* : avant qu'on m'ait apporté.

95 M. JOURDAIN. – Je me suis fait faire cette indienne[1]-ci.
MAÎTRE À DANSER. – Elle est fort belle.
M. JOURDAIN. – Mon tailleur m'a dit que les gens de qualité étaient comme cela le matin.
MAÎTRE DE MUSIQUE. – Cela vous sied[2] à merveille.
100 M. JOURDAIN. – Laquais ! holà, mes deux laquais !
PREMIER LAQUAIS. – Que voulez-vous, monsieur ?
M. JOURDAIN. – Rien. C'est pour voir si vous m'entendez bien. *(Aux deux Maîtres.)* Que dites-vous de mes livrées[3] ?
MAÎTRE À DANSER. – Elles sont magnifiques.
105 M. JOURDAIN. *Il entrouvre sa robe[4] et fait voir un haut-de-chausses[5] étroit de velours rouge, et une camisole[6] de velours vert, dont il est vêtu.* – Voici encore un petit déshabillé[7] pour faire le matin mes exercices.
MAÎTRE DE MUSIQUE. – Il est galant[8].
110 M. JOURDAIN. – Laquais !
PREMIER LAQUAIS. – Monsieur.
M. JOURDAIN. – L'autre laquais !
SECOND LAQUAIS. – Monsieur.
M. JOURDAIN. – Tenez ma robe. Me trouvez-vous bien comme
115 cela ?
MAÎTRE À DANSER. – Fort bien. On ne peut pas mieux.
M. JOURDAIN. – Voyons un peu votre affaire.

---

1. *Indienne* : robe de chambre luxueuse dans une étoffe peinte importée d'Inde.
2. *Vous sied* : vous va.
3. *Livrées* : uniformes que portent les laquais d'une même maison.
4. *Robe* : robe de chambre.
5. *Haut-de-chausses* : sorte de pantalon qui s'arrête aux genoux.
6. *Camisole* : vêtement court à manches porté sous ou sur la chemise.
7. *Déshabillé* : vêtement qu'on porte dans l'intimité de sa chambre.
8. *Galant* : élégant, distingué.

MAÎTRE DE MUSIQUE. – Je voudrais bien auparavant vous faire entendre un air qu'il vient de composer pour la sérénade que vous m'avez demandée. C'est un de mes écoliers[1], qui a pour ces sortes de choses un talent admirable.

M. JOURDAIN. – Oui ; mais il ne fallait pas faire faire cela par un écolier, et vous n'étiez pas trop bon vous-même pour cette besogne-là.

MAÎTRE DE MUSIQUE. – Il ne faut pas, monsieur, que le nom d'écolier vous abuse[2]. Ces sortes d'écoliers en savent autant que les plus grands maîtres, et l'air est aussi beau qu'il s'en puisse faire. Écoutez seulement.

M. JOURDAIN. – Donnez-moi ma robe pour mieux entendre... Attendez, je crois que je serai mieux sans robe... Non ; redonnez-la-moi, cela ira mieux.

MUSICIEN, *chantant*[3].

Je languis[4] *nuit et jour, et mon mal est extrême,*
Depuis qu'à vos rigueurs[5] *vos beaux yeux m'ont soumis ;*
Si vous traitez ainsi, belle Iris, qui[6] *vous aime,*
Hélas ! que pourriez-vous faire à vos ennemis ?

M. JOURDAIN. – Cette chanson me semble un peu lugubre[7], elle endort, et je voudrais que vous la pussiez un peu ragaillardir[8] par-ci par-là.

---

1. *Écoliers* : disciples d'un maître ; mais M. Jourdain comprend le mot dans le sens de « débutant » et craint de ne pas en avoir pour son argent.
2. *Abuse* : trompe.
3. Il s'agit ici de la sérénade que les spectateurs ont vu composer lors de la scène musicale d'ouverture. Sur un air noble, les paroles reprennent un thème et des motifs traditionnels de la poésie amoureuse.
4. *Languis* : souffre.
5. *Vos rigueurs* : votre dédain cruel.
6. *Qui* : celui qui.
7. *Lugubre* : triste.
8. *Ragaillardir* : raviver, rendre plus gaie (terme familier).

MAÎTRE DE MUSIQUE. – Il faut, monsieur, que l'air soit accommodé[1] aux paroles.

M. JOURDAIN. – On m'en apprit un tout à fait joli, il y a quelque temps. Attendez… la… comment est-ce qu'il dit ?

MAÎTRE À DANSER. – Par ma foi ! je ne sais.

M. JOURDAIN. – Il y a du mouton dedans.

MAÎTRE À DANSER. – Du mouton ?

M. JOURDAIN. – Oui. Ah !

M. Jourdain chante[2].

> *Je croyais Janneton*
> *Aussi douce que belle,*
> *Je croyais Janneton*
> *Plus douce qu'un mouton :*
> *Hélas ! hélas ! elle est cent fois,*
> *Mille fois plus cruelle,*
> *Que n'est le tigre aux bois.*

N'est-il pas joli ?

MAÎTRE DE MUSIQUE. – Le plus joli du monde.

MAÎTRE À DANSER. – Et vous le chantez bien.

M. JOURDAIN. – C'est sans avoir appris la musique.

MAÎTRE DE MUSIQUE. – Vous devriez l'apprendre, monsieur, comme vous faites la danse. Ce sont deux arts qui ont une étroite liaison ensemble.

MAÎTRE À DANSER. – Et qui ouvrent l'esprit d'un homme aux belles choses.

M. JOURDAIN. – Est-ce que les gens de qualité apprennent aussi la musique ?

---

1. *Accommodé* : en accord, en harmonie avec.
2. Volontairement, Lully a intégré ici une chanson qu'il n'a pas composée lui-même et qui ne convient pas pour une sérénade.

MAÎTRE DE MUSIQUE. – Oui, monsieur.

M. JOURDAIN. – Je l'apprendrai donc. Mais je ne sais quel temps je pourrai prendre ; car, outre le Maître d'armes qui me montre[1], j'ai arrêté[2] encore un Maître de philosophie, qui doit commencer ce matin.

MAÎTRE DE MUSIQUE. – La philosophie est quelque chose ; mais la musique, monsieur, la musique...

MAÎTRE À DANSER. – La musique et la danse... La musique et la danse, c'est là tout ce qu'il faut.

MAÎTRE DE MUSIQUE. – Il n'y a rien qui soit si utile dans un État que la musique.

MAÎTRE À DANSER. – Il n'y a rien qui soit si nécessaire aux hommes que la danse.

MAÎTRE DE MUSIQUE. – Sans la musique, un État ne peut subsister.

MAÎTRE À DANSER. – Sans la danse, un homme ne saurait rien faire.

MAÎTRE DE MUSIQUE. – Tous les désordres, toutes les guerres qu'on voit dans le monde, n'arrivent que pour n'apprendre pas[3] la musique.

MAÎTRE À DANSER. – Tous les malheurs des hommes, tous les revers funestes[4] dont les histoires sont remplies, les bévues[5] des politiques, et les manquements[6] des grands capitaines, tout cela n'est venu que faute de savoir danser.

---

1. *Me montre* : m'enseigne son art.
2. *Arrêté* : engagé (le terme s'emploie généralement à propos d'un domestique).
3. *Pour n'apprendre pas* : parce qu'on n'apprend pas.
4. *Revers funestes* : événements qui apportent le malheur.
5. *Bévues* : erreurs.
6. *Manquements* : fautes.

M. JOURDAIN. – Comment cela ?
MAÎTRE DE MUSIQUE. – La guerre ne vient-elle pas d'un manque d'union entre les hommes ?
195 M. JOURDAIN. – Cela est vrai.
MAÎTRE DE MUSIQUE. – Et si tous les hommes apprenaient la musique, ne serait-ce pas le moyen de s'accorder ensemble, et de voir dans le monde la paix universelle ?
M. JOURDAIN. – Vous avez raison.
200 MAÎTRE À DANSER. – Lorsqu'un homme a commis un manquement dans sa conduite, soit aux affaires de sa famille, ou au gouvernement d'un État, ou au commandement d'une armée, ne dit-on pas toujours : «Un tel a fait un mauvais pas dans une telle affaire» ?
205 M. JOURDAIN. – Oui, on dit cela.
MAÎTRE À DANSER. – Et faire un mauvais pas peut-il procéder d'autre chose que de ne savoir pas danser ?
M. JOURDAIN. – Cela est vrai, vous avez raison tous deux.
MAÎTRE À DANSER. – C'est pour vous faire voir l'excellence et
210 l'utilité de la danse et de la musique.
M. JOURDAIN. – Je comprends cela à cette heure[1].
MAÎTRE DE MUSIQUE. – Voulez-vous voir nos deux affaires ?
M. JOURDAIN. – Oui.
MAÎTRE DE MUSIQUE. – Je vous l'ai déjà dit, c'est un petit
215 essai que j'ai fait autrefois des diverses passions que peut exprimer la musique.
M. JOURDAIN. – Fort bien.
MAÎTRE DE MUSIQUE. – Allons, avancez. Il faut vous figurer qu'ils sont habillés en bergers[2].

---

1. *À cette heure* : désormais.
2. Il s'agit d'une pastorale, genre à la mode au XVIIe siècle (pièce de théâtre, chant, danse mettant en scène des bergers).

220 M. JOURDAIN. – Pourquoi toujours des bergers ? On ne voit que cela partout.

MAÎTRE À DANSER. – Lorsqu'on a des personnes à faire parler en musique, il faut bien que, pour la vraisemblance, on donne dans la bergerie. Le chant a été de tout temps
225 affecté aux bergers ; et il n'est guère naturel en dialogue que des princes ou des bourgeois chantent leurs passions.

M. JOURDAIN. – Passe, passe[1]. Voyons.

Dialogue en musique

UNE MUSICIENNE ET DEUX MUSICIENS
Un cœur, dans l'amoureux empire[2],
230 *De mille soins*[3] *est toujours agité :*
On dit qu'avec plaisir on languit[4], *on soupire ;*
Mais, quoi qu'on puisse dire,
Il n'est rien de si doux que notre liberté.

PREMIER MUSICIEN
Il n'est rien de si doux que les tendres ardeurs[5]
235 *Qui font vivre deux cœurs*
Dans une même envie.
On ne peut être heureux sans amoureux désirs :
Ôtez l'amour de la vie,
Vous en ôtez les plaisirs.

---

1. *Passe* : passons.
2. *Dans l'amoureux empire* : quand il est amoureux.
3. *Soins* : soucis, tourments.
4. *Languit* : souffre.
5. *Ardeurs* : passions amoureuses.

Second musicien

240 *Il serait doux d'entrer sous l'amoureuse loi,*
Si l'on trouvait en amour de la foi[1];
Mais, hélas! ô rigueur cruelle!
On ne voit point de bergère fidèle,
Et ce sexe[2] inconstant[3], trop indigne du jour[4],
245 *Doit faire pour jamais renoncer à l'amour.*

Premier musicien
Aimable ardeur,

Musicienne
Franchise[5] heureuse,

Second musicien
Sexe trompeur,

Premier musicien
Que tu m'es précieuse!

Musicienne
250 *Que tu plais à mon cœur!*

Second musicien
Que tu me fais d'horreur!

Premier musicien
Ah! quitte pour aimer cette haine mortelle.

---

1. *Foi* : fidélité.
2. *Ce sexe* : le sexe féminin.
3. *Inconstant* : infidèle.
4. *Du jour* : de voir la lumière du jour, de vivre.
5. *Franchise* : indépendance, liberté.

Musicienne

On peut, on peut te montrer
Une bergère fidèle.

Second musicien

Hélas ! où la rencontrer ?

Musicienne

Pour défendre notre gloire[1],
Je te veux offrir mon cœur.

Second musicien

Mais, Bergère, puis-je croire
Qu'il ne sera point trompeur ?

Musicienne

Voyons par expérience
Qui des deux aimera mieux.

Second musicien

Qui manquera de constance,
Le puissent perdre les dieux !

Tous trois

À des ardeurs si belles
Laissons-nous enflammer :
Ah ! qu'il est doux d'aimer,
Quand deux cœurs sont fidèles !

M. Jourdain. – Est-ce tout ?
Maître de musique. – Oui.

---

1. ***Gloire*** : ici, réputation.

270 **M. JOURDAIN.** – Je trouve cela bien troussé[1], et il y a là-dedans de petits dictons[2] assez jolis.

MAÎTRE À DANSER. – Voici, pour mon affaire, un petit essai des plus beaux mouvements et des plus belles attitudes dont une danse puisse être variée.

275 **M. JOURDAIN.** – Sont-ce encore des bergers ?

MAÎTRE À DANSER. – C'est ce qu'il vous plaira. Allons.

Quatre danseurs exécutent tous les mouvements différents et toutes les sortes de pas que le Maître à danser leur commande, et cette danse fait le premier intermède[3].

---

1. *Bien troussé* : bien tourné (expression populaire).
2. *Dictons* : formules.
3. L'intermède est composé de différents fragments musicaux qui permettent aux danseurs de montrer l'étendue de leur talent en exécutant tour à tour plusieurs types de danses (allemande, sarabande, bourrée gaillarde, canarie).

Acte II

Scène première

M. JOURDAIN, MAÎTRE DE MUSIQUE,
MAÎTRE À DANSER, LAQUAIS

M. JOURDAIN. – Voilà qui n'est point sot, et ces gens-là se trémoussent[1] bien.
MAÎTRE DE MUSIQUE. – Lorsque la danse sera mêlée avec la musique, cela fera plus d'effet encore, et vous verrez quelque chose de galant[2] dans le petit ballet que nous avons ajusté pour vous.
M. JOURDAIN. – C'est pour tantôt[3] au moins[4]; et la personne pour qui j'ai fait faire tout cela me doit faire l'honneur de venir dîner[5] céans[6].
MAÎTRE À DANSER. – Tout est prêt.
MAÎTRE DE MUSIQUE. – Au reste, monsieur, ce n'est pas assez :

---

1. *Se trémoussent* : s'agitent (appliqué à des danseurs, le terme est péjoratif).
2. *Galant* : élégant, adapté au goût de la cour.
3. *Tantôt* : tout à l'heure.
4. *Au moins* : sans faute.
5. *Dîner* : au XVIIe siècle, le mot désigne ce que nous appelons aujourd'hui «déjeuner»; le repas du soir est appelé «souper».
6. *Céans* : ici.

il faut qu'une personne comme vous, qui êtes magnifique[1], et qui avez de l'inclination[2] pour les belles choses, ait un concert de musique chez soi tous les mercredis ou tous les jeudis.

M. JOURDAIN. – Est-ce que les gens de qualité en ont ?

MAÎTRE DE MUSIQUE. – Oui, monsieur.

M. JOURDAIN. – J'en aurai donc. Cela sera-t-il beau ?

MAÎTRE DE MUSIQUE. – Sans doute. Il vous faudra trois voix : un dessus, une haute-contre, et une basse[3], qui seront accompagnées d'une basse de viole[4], d'un théorbe[5], et d'un clavecin pour les basses continues[6], avec deux dessus de violon[7] pour jouer les ritournelles[8].

M. JOURDAIN. – Il y faudra mettre aussi une trompette marine[9]. La trompette marine est un instrument qui me plaît, et qui est harmonieux.

MAÎTRE DE MUSIQUE. – Laissez-nous gouverner les choses.

M. JOURDAIN. – Au moins n'oubliez pas tantôt de m'envoyer des musiciens, pour chanter à table.

---

1. *Qui êtes magnifique* : qui dépensez sans compter, qui aimez le faste.
2. *De l'inclination* : du goût.
3. *Un dessus, une haute-contre, et une basse* : trois chanteurs chantant sur trois tons différents – on parlerait aujourd'hui de ténor, de soprano (ou d'alto) et de basse.
4. *Basse de viole* : sorte de grand violon à sept cordes, ancêtre du violoncelle.
5. *Théorbe* : sorte de luth ou de guitare à deux manches.
6. *Basses continues* : partie de la musique la plus basse, qui sert de fondement à toutes les autres parties et au chant.
7. *Dessus de violon* : violons sur lesquels on joue la partie la plus haute de la musique.
8. *Ritournelles* : petits airs qui précèdent ou suivent un chant.
9. *Trompette marine* : sorte de mandoline à une corde ; cet instrument très simple est plutôt utilisé par les musiciens de rue.

30 MAÎTRE DE MUSIQUE. – Vous aurez tout ce qu'il vous faut.

M. JOURDAIN. – Mais surtout, que le ballet soit beau.

MAÎTRE DE MUSIQUE. – Vous en serez content, et, entre autres choses, de certains menuets[1] que vous y verrez.

M. JOURDAIN. – Ah! les menuets sont ma danse, et je veux que vous me les voyiez danser. Allons, mon maître.

MAÎTRE À DANSER. – Un chapeau, monsieur, s'il vous plaît. La, la, la; la, la, la, la, la, la; la, la, la, *bis*; la, la, la; la, la. En cadence, s'il vous plaît. La, la, la, la. La jambe droite. La, la, la. Ne remuez point tant les épaules. La, la, la, la, la; la, la, la, la, la. Vos deux bras sont estropiés. La, la, la, la, la. Haussez la tête. Tournez la pointe du pied en dehors. La, la, la. Dressez votre corps[2].

M. JOURDAIN. – Euh?

MAÎTRE DE MUSIQUE. – Voilà qui est le mieux du monde.

45 M. JOURDAIN. – À propos. Apprenez-moi comme il faut faire une révérence pour saluer une marquise : j'en aurai besoin tantôt.

MAÎTRE À DANSER. – Une révérence pour saluer une marquise?

M. JOURDAIN. – Oui : une marquise qui s'appelle Dorimène.

50 MAÎTRE À DANSER. – Donnez-moi la main.

M. JOURDAIN. – Non. Vous n'avez qu'à faire : je le retiendrai bien.

MAÎTRE À DANSER. – Si vous voulez la saluer avec beaucoup de respect, il faut faire d'abord une révérence en arrière, puis marcher vers elle avec trois révérences en avant, et à la dernière vous baisser jusqu'à ses genoux.

M. JOURDAIN. – Faites un peu. Bon.

---

1. *Menuets* : danses à trois temps, gracieuses, très appréciées à la cour de Louis XIV, où Lully en a imposé la mode.
2. La danse lourde et maladroite de M. Jourdain a un effet comique.

PREMIER LAQUAIS. – Monsieur, voilà votre maître d'armes qui est là.
M. JOURDAIN. – Dis-lui qu'il entre ici pour me donner leçon. Je veux que vous me voyiez faire.

Scène 2

MAÎTRE D'ARMES, MAÎTRE DE MUSIQUE,
MAÎTRE À DANSER, M. JOURDAIN, DEUX LAQUAIS

MAÎTRE D'ARMES, *après lui avoir mis le fleuret*[1] *à la main*. – Allons, monsieur, la révérence. Votre corps droit. Un peu penché sur la cuisse gauche. Les jambes point tant écartées. Vos pieds sur une même ligne. Votre poignet à l'opposite de votre hanche[2]. La pointe de votre épée vis-à-vis de votre épaule. Le bras pas tout à fait si étendu. La main gauche à la hauteur de l'œil. L'épaule gauche plus quartée[3]. La tête droite. Le regard assuré. Avancez. Le corps ferme. Touchez-moi l'épée de quarte, et achevez de même. Une, deux. Remettez-vous. Redoublez[4] de pied ferme. Un saut en arrière. Quand vous portez la botte[5], monsieur, il faut que l'épée parte la première, et que le corps soit bien

---

1. *Fleuret* : épée terminée par un bouton garni de cuir, qui sert à s'exercer à l'escrime.
2. *À l'opposite de votre hanche* : à la hauteur de votre hanche.
3. *Quartée* : tournée pour esquiver le coup éventuel de l'adversaire (en position de «quarte», terme technique qui désigne la manière de porter un coup en tournant le poignet en dehors).
4. *Redoublez* : recommencez.
5. *Portez la botte* : portez un coup avec le fleuret.

Le Bourgeois gentilhomme

effacé. Une, deux. Allons, touchez-moi l'épée de tierce[1],
et achevez de même. Avancez. Le corps ferme. Avancez.
Partez de là. Une, deux. Remettez-vous. Redoublez. Un
saut en arrière. En garde, monsieur, en garde.

*Le Maître d'armes lui pousse deux ou trois bottes, en lui disant :
« En garde. »*

M. JOURDAIN. – Euh ?

MAÎTRE DE MUSIQUE. – Vous faites des merveilles.

MAÎTRE D'ARMES. – Je vous l'ai déjà dit, tout le secret des armes ne consiste qu'en deux choses, à donner, et à ne point recevoir ; et comme je vous fis voir l'autre jour par raison démonstrative[2], il est impossible que vous receviez, si vous savez détourner l'épée de votre ennemi de la ligne de votre corps : ce qui ne dépend seulement que d'un petit mouvement du poignet ou en dedans, ou en dehors.

M. JOURDAIN. – De cette façon donc, un homme, sans avoir du cœur[3], est sûr de tuer son homme, et de n'être point tué.

MAÎTRE D'ARMES. – Sans doute. N'en vîtes-vous pas la démonstration ?

M. JOURDAIN. – Oui.

MAÎTRE D'ARMES. – Et c'est en quoi l'on voit de quelle considération nous autres nous devons être[4] dans un État, et combien la science des armes l'emporte hautement sur toutes les autres sciences inutiles, comme la danse, la musique, la…

---

1. *Tierce* : manière de porter un coup en tournant le poignet en dedans.
2. *Par raison démonstrative* : à l'aide d'un raisonnement convaincant.
3. *Cœur* : courage.
4. *De quelle considération* […] *nous devons être* : quelle estime on doit avoir pour nous.

Maître à danser. – Tout beau[1], monsieur le tireur d'armes : ne parlez de la danse qu'avec respect.

Maître de musique. – Apprenez, je vous prie, à mieux traiter l'excellence de la musique.

Maître d'armes. – Vous êtes de plaisantes gens, de vouloir comparer vos sciences à la mienne !

Maître de musique. – Voyez un peu l'homme d'importance !

Maître à danser. – Voilà un plaisant animal, avec son plastron[2] !

Maître d'armes. – Mon petit maître à danser, je vous ferais danser comme il faut. Et vous, mon petit musicien, je vous ferais chanter de la belle manière.

Maître à danser. – Monsieur le batteur de fer, je vous apprendrai votre métier.

M. Jourdain, *au Maître à danser*. – Êtes-vous fou de l'aller quereller, lui qui entend[3] la tierce et la quarte, et qui sait tuer un homme par raison démonstrative ?

Maître à danser. – Je me moque de sa raison démonstrative, et de sa tierce et de sa quarte.

M. Jourdain. – Tout doux, vous dis-je.

Maître d'armes. – Comment ? petit impertinent.

M. Jourdain. – Eh ! mon Maître d'armes.

Maître à danser. – Comment ? grand cheval de carrosse[4].

M. Jourdain. – Eh ! mon Maître à danser.

Maître d'armes. – Si je me jette sur vous…

---

1. *Tout beau* : doucement, du calme.
2. *Plastron* : pièce de cuir que les escrimeurs portent sur la poitrine pour se protéger.
3. *Entend* : connaît.
4. *Cheval de carrosse* : au sens figuré, homme brutal ou stupide.

M. Jourdain. – Doucement.
Maître à danser. – Si je mets sur vous la main...
M. Jourdain. – Tout beau.
130 Maître d'armes. – Je vous étrillerai[1] d'un air...
M. Jourdain. – De grâce[2] !
Maître à danser. – Je vous rosserai[3] d'une manière...
M. Jourdain. – Je vous prie.
Maître de musique. – Laissez-nous un peu lui apprendre à
135 parler.
M. Jourdain. – Mon Dieu ! arrêtez-vous !

Scène 3

Maître de philosophie, Maître de musique,
Maître à danser,
Maître d'armes, M. Jourdain, laquais

M. Jourdain. – Holà, monsieur le philosophe, vous arrivez tout à propos[4] avec votre philosophie. Venez un peu mettre la paix entre ces personnes-ci.
140 Maître de philosophie. – Qu'est-ce donc ? Qu'y a-t-il, Messieurs ?
M. Jourdain. – Ils se sont mis en colère pour la préférence[5] de leurs professions, jusqu'à se dire des injures, et vouloir en venir aux mains.

---

1. *Étrillerai* : battrai.
2. *De grâce* : s'il vous plaît.
3. *Rosserai* : frapperai.
4. *Tout à propos* : exactement au bon moment.
5. *Pour la préférence* : pour défendre la supériorité.

MAÎTRE DE PHILOSOPHIE. – Hé quoi ? Messieurs, faut-il s'emporter de la sorte ? et n'avez-vous point lu le docte[1] traité que Sénèque[2] a composé de la colère[3] ? Y a-t-il rien de plus bas et de plus honteux que cette passion, qui fait d'un homme une bête féroce ? et la raison ne doit-elle pas être maîtresse de tous nos mouvements ?

MAÎTRE À DANSER. – Comment, monsieur, il vient nous dire des injures à tous deux, en méprisant la danse que j'exerce, et la musique dont il fait profession ?

MAÎTRE DE PHILOSOPHIE. – Un homme sage est au-dessus de toutes les injures qu'on lui peut dire ; et la grande réponse qu'on doit faire aux outrages, c'est la modération et la patience.

MAÎTRE D'ARMES. – Ils ont tous deux l'audace de vouloir comparer leurs professions à la mienne.

MAÎTRE DE PHILOSOPHIE. – Faut-il que cela vous émeuve ? Ce n'est pas de vaine gloire et de condition que les hommes doivent disputer entre eux ; et ce qui nous distingue parfaitement les uns des autres, c'est la sagesse et la vertu.

MAÎTRE À DANSER. – Je lui soutiens que la danse est une science à laquelle on ne peut faire assez d'honneur.

MAÎTRE DE MUSIQUE. – Et moi, que la musique en est une que tous les siècles ont révérée[4].

MAÎTRE D'ARMES. – Et moi, je leur soutiens à tous deux que la science de tirer des armes est la plus belle et la plus nécessaire de toutes les sciences.

---

1. *Docte* : savant.
2. *Sénèque* (4 av. J.-C.-65 apr. J.-C.) : philosophe de l'Antiquité romaine, dont les traités enseignent à surmonter les passions.
3. *De la colère* : au sujet de la colère.
4. *Révérée* : honorée.

Maître de philosophie. – Et que sera donc la philosophie ? Je vous trouve tous trois bien impertinents de parler devant moi avec cette arrogance et de donner impudemment[1] le nom de science à des choses que l'on ne doit pas même honorer du nom d'art, et qui ne peuvent être comprises que sous le nom de métier misérable de gladiateur, de chanteur et de baladin[2] !

Maître d'armes. – Allez, philosophe de chien.

Maître de musique. – Allez, bélître[3] de pédant[4].

Maître à danser. – Allez, cuistre fieffé[5].

Maître de philosophie. – Comment ? Marauds[6] que vous êtes…

Le philosophe se jette sur eux, et tous trois le chargent de coups, et sortent en se battant.

M. Jourdain. – Monsieur le philosophe.

Maître de philosophie. – Infâmes ! coquins ! insolents !

M. Jourdain. – Monsieur le philosophe.

Maître d'armes. – La peste l'animal[7] !

M. Jourdain. – Messieurs.

Maître de philosophie. – Impudents[8] !

M. Jourdain. – Monsieur le philosophe.

Maître à danser. – Diantre soit de l'âne bâté[9] !

---

1. *Impudemment* : sans honte.
2. *Baladin* : danseur ou comédien de farce (terme péjoratif).
3. *Bélître* : coquin, homme de rien.
4. *Pédant* : prétentieux.
5. *Cuistre fieffé* : homme très vaniteux et ridicule.
6. *Marauds* : coquins, fripons.
7. *La peste l'animal* : que la peste emporte cet animal !
8. *Impudents* : effrontés, impertinents.
9. *Diantre soit de l'âne bâté* : que cet âne stupide aille au diable !

M. Jourdain. – Messieurs.

Maître de philosophie. – Scélérats[1] !

M. Jourdain. – Monsieur le philosophe.

Maître de musique. – Au diable l'impertinent !

M. Jourdain. – Messieurs.

Maître de philosophie. – Fripons ! gueux ! traîtres ! imposteurs !

Ils sortent.

M. Jourdain. – Monsieur le philosophe, messieurs, monsieur le philosophe, messieurs, monsieur le philosophe. Oh ! battez-vous tant qu'il vous plaira : je n'y saurais que faire, et je n'irai pas gâter[2] ma robe pour vous séparer. Je serais bien fou de m'aller fourrer parmi eux, pour recevoir quelque coup qui me ferait mal.

Scène 4

Maître de philosophie, M. Jourdain

Maître de philosophie, *en raccommodant son collet*[3]. – Venons à notre leçon.

M. Jourdain. – Ah ! monsieur, je suis fâché des coups qu'ils vous ont donnés.

Maître de philosophie. – Cela n'est rien. Un philosophe sait recevoir comme il faut les choses, et je vais compo-

---

1. Scélérats : méchants.
2. Gâter : abîmer.
3. Collet : rabat de toile blanche qu'on mettait autour du cou ; col.

ser contre eux une satire du style de Juvénal[1], qui les déchirera[2] de la belle façon. Laissons cela. Que voulez-vous apprendre ?

M. JOURDAIN. – Tout ce que je pourrai, car j'ai toutes les envies du monde d'être savant ; et j'enrage que mon père et ma mère ne m'aient pas fait bien étudier dans toutes les sciences, quand j'étais jeune.

MAÎTRE DE PHILOSOPHIE. – Ce sentiment est raisonnable : *nam sine doctrina vita est quasi mortis imago.* Vous entendez[3] cela, et vous savez le latin sans doute.

M. JOURDAIN. – Oui, mais faites comme si je ne le savais pas : expliquez-moi ce que cela veut dire.

MAÎTRE DE PHILOSOPHIE. – Cela veut dire que Sans la science, la vie est presque une image de la mort.

M. JOURDAIN. – Ce latin-là a raison.

MAÎTRE DE PHILOSOPHIE. – N'avez-vous[4] point quelques principes, quelques commencements des sciences ?

M. JOURDAIN. – Oh ! oui, je sais lire et écrire.

MAÎTRE DE PHILOSOPHIE. – Par où vous plaît-il que nous commencions ? Voulez-vous que je vous apprenne la logique ?

M. JOURDAIN. – Qu'est-ce que c'est que cette logique ?

MAÎTRE DE PHILOSOPHIE. – C'est elle qui enseigne les trois opérations de l'esprit.

M. JOURDAIN. – Qui[5] sont-elles, ces trois opérations de l'esprit ?

---

1. *Juvénal* (v.55-v.140) : poète latin de l'Antiquité, spécialisé dans l'écriture de satires, ouvrages dressant des portraits ridicules de ses contemporains.
2. *Déchirera* : critiquera.
3. *Entendez* : comprenez.
4. *N'avez-vous* : ne connaissez-vous.
5. *Qui* : quelles.

■ M. Jourdain (Michel Robin, à droite) et le Maître de philosophie (Jean-Pierre Michael) dans la mise en scène de Jean-Louis Benoît à la Comédie-Française, en 2000. Voir dossier de l'édition, p. 180-182.

© Photo Pascal Victor / ArtComArt

Maître de philosophie. – La première, la seconde, et la troisième. La première est de bien concevoir par le moyen des universaux. La seconde, de bien juger par le moyen des catégories ; et la troisième, de bien tirer une conséquence par le moyen des figures *Barbara, Celarent, Darii, Ferio, Baralipton*[1], etc.

M. Jourdain. – Voilà des mots qui sont trop rébarbatifs[2]. Cette logique-là ne me revient[3] point. Apprenons autre chose qui soit plus joli.

Maître de philosophie. – Voulez-vous apprendre la morale ?

M. Jourdain. – La morale ?

Maître de philosophie. – Oui.

M. Jourdain. – Qu'est-ce qu'elle dit, cette morale ?

Maître de philosophie. – Elle traite de la félicité[4], enseigne aux hommes à modérer leurs passions, et…

M. Jourdain. – Non, laissons cela. Je suis bilieux[5] comme tous les diables ; et il n'y a morale qui tienne, je me veux mettre en colère tout mon soûl[6], quand il m'en prend envie.

---

1. Dans cette réplique, le Maître de philosophie multiplie l'emploi des termes techniques de la logique, incompréhensibles pour M. Jourdain. Les ***universaux*** sont les caractères communs à tous les individus d'une espèce, les ***catégories*** les dix classes dans lesquelles on peut ranger les êtres selon le philosophe grec Aristote (v. 384 av. J.-C.-v. 322 av. J.-C.), et les ***figures*** l'ordre des termes dont est formé un raisonnement – les mots en latin qui suivent sont des formules destinées à mémoriser les principales disposition du raisonnement.
2. *Rébarbatifs* : repoussants.
3. *Revient* : plaît.
4. *Félicité* : bonheur.
5. *Bilieux* : coléreux.
6. *Tout mon soûl* : autant que je le veux.

MAÎTRE DE PHILOSOPHIE. – Est-ce la physique que vous voulez apprendre ?

M. JOURDAIN. – Qu'est-ce qu'elle chante, cette physique ?

MAÎTRE DE PHILOSOPHIE. – La physique est celle qui explique les principes des choses naturelles, et les propriétés du corps ; qui discourt de la nature des éléments, des métaux, des minéraux, des pierres, des plantes et des animaux, et nous enseigne les causes de tous les météores, l'arc-en-ciel, les feux volants, les comètes, les éclairs, le tonnerre, la foudre, la pluie, la neige, la grêle, les vents et les tourbillons.

M. JOURDAIN. – Il y a trop de tintamarre[1] là-dedans, trop de brouillamini[2].

MAÎTRE DE PHILOSOPHIE. – Que voulez-vous donc que je vous apprenne ?

M. JOURDAIN. – Apprenez-moi l'orthographe.

MAÎTRE DE PHILOSOPHIE. – Très volontiers.

M. JOURDAIN. – Après, vous m'apprendrez l'almanach[3], pour savoir quand il y a de la lune et quand il n'y en a point.

MAÎTRE DE PHILOSOPHIE. – Soit. Pour bien suivre votre pensée et traiter cette matière en philosophe, il faut commencer selon l'ordre des choses, par une exacte connaissance de la nature des lettres, et de la différente manière de les prononcer toutes. Et là-dessus j'ai à vous dire que les lettres sont divisées en voyelles, ainsi dites voyelles parce qu'elles expriment les voix ; et en consonnes, ainsi appelées consonnes parce qu'elles sonnent avec les

---

1. ***Tintamarre*** : confusion.
2. ***Brouillamini*** : confusion, choses embrouillées.
3. ***Almanach*** : calendrier.

voyelles, et ne font que marquer les diverses articulations des voix. Il y a cinq voyelles ou voix : A, E, I, O, U.

M. JOURDAIN. – J'entends tout cela.

MAÎTRE DE PHILOSOPHIE. – La voix A se forme en ouvrant fort la bouche : A.

M. JOURDAIN. – A, A. Oui.

MAÎTRE DE PHILOSOPHIE. – La voix E se forme en rapprochant la mâchoire d'en bas de celle d'en haut : A, E.

M. JOURDAIN. – A, E, A, E. Ma foi! oui. Ah! que cela est beau!

MAÎTRE DE PHILOSOPHIE. – Et la voix I en rapprochant encore davantage les mâchoires l'une de l'autre, et écartant les deux coins de la bouche vers les oreilles : A, E, I.

M. JOURDAIN. – A, E, I, I, I, I. Cela est vrai. Vive la science!

MAÎTRE DE PHILOSOPHIE. – La voix O se forme en rouvrant les mâchoires, et rapprochant les lèvres par les deux coins, le haut et le bas : O.

M. JOURDAIN. – O, O. Il n'y a rien de plus juste. A, E, I, O, I, O. Cela est admirable! I, O, I, O.

MAÎTRE DE PHILOSOPHIE. – L'ouverture de la bouche fait justement comme un petit rond qui représente un O.

M. JOURDAIN. – O, O, O. Vous avez raison. O. Ah! la belle chose, que de savoir quelque chose!

MAÎTRE DE PHILOSOPHIE. – La voix U se forme en rapprochant les dents sans les joindre entièrement, et allongeant les deux lèvres en dehors, les approchant aussi l'une de l'autre sans les rejoindre tout à fait : U.

M. JOURDAIN. – U, U. Il n'y a rien de plus véritable : U.

MAÎTRE DE PHILOSOPHIE. – Vos deux lèvres s'allongent comme si vous faisiez la moue : d'où vient que si vous la voulez

■ M. Jourdain (Philippe Car) et le Maître de philosophie (représenté par une « grande bouche et deux yeux manipulés par deux acteurs cagoulés »), dans la mise en scène de Philippe Car, en 2009 (compagnie Agence de Voyages Imaginaires). Voir dossier de l'édition, p. 182-184.

© Elian Bachini

faire à quelqu'un, et vous moquer de lui, vous ne sauriez lui dire que : U.

M. Jourdain. – U, U. Cela est vrai. Ah ! que n'ai-je étudié plus tôt, pour savoir tout cela ?

Maître de philosophie. – Demain, nous verrons les autres lettres, qui sont les consonnes.

M. Jourdain. – Est-ce qu'il y a des choses aussi curieuses qu'à celles-ci ?

Maître de philosophie. – Sans doute. La consonne D, par exemple, se prononce en donnant du bout de la langue au-dessus des dents d'en haut : Da.

M. Jourdain. – Da, Da. Oui. Ah ! les belles choses ! les belles choses !

Maître de philosophie. – L'F en appuyant les dents d'en haut sur la lèvre de dessous : Fa.

M. Jourdain. – Fa, Fa. C'est la vérité. Ah ! mon père et ma mère, que je vous veux de mal !

Maître de philosophie. – Et l'R, en portant le bout de la langue jusqu'au haut du palais, de sorte qu'étant frôlée par l'air qui sort avec force, elle lui cède, et revient toujours au même endroit, faisant une manière de tremblement : R, ra.

M. Jourdain. – R, r, ra ; R, r, r, r, r, ra. Cela est vrai ! Ah ! l'habile homme que vous êtes ! et que j'ai perdu de temps ! R, r, r, ra.

Maître de philosophie. – Je vous expliquerai à fond toutes ces curiosités.

M. Jourdain. – Je vous en prie. Au reste, il faut que je vous fasse une confidence. Je suis amoureux d'une personne de grande qualité[1], et je souhaiterais que vous m'aidassiez à

---

1. *De grande qualité* : de haute noblesse.

■ M. Jourdain (Olivier Martin, à gauche) et le Maître de philosophie (Benjamin Lazar) dans la mise en scène de Benjamin Lazar, en 2004. Voir dossier de l'édition, p. 184-185.

© Photo Pascal Victor/ArtComArt

lui écrire quelque chose dans un petit billet[1] que je veux
laisser tomber à ses pieds.

MAÎTRE DE PHILOSOPHIE. – Fort bien.

M. JOURDAIN. – Cela sera galant, oui.

MAÎTRE DE PHILOSOPHIE. – Sans doute. Sont-ce des vers que vous lui voulez écrire[2] ?

M. JOURDAIN. – Non, non, point de vers.

MAÎTRE DE PHILOSOPHIE. – Vous ne voulez que de la prose ?

M. JOURDAIN. – Non, je ne veux ni prose ni vers.

MAÎTRE DE PHILOSOPHIE. – Il faut bien que ce soit l'un, ou l'autre.

M. JOURDAIN. – Pourquoi ?

MAÎTRE DE PHILOSOPHIE. – Par la raison, monsieur, qu'il n'y a pour s'exprimer que la prose, ou les vers.

M. JOURDAIN. – Il n'y a que la prose ou les vers ?

MAÎTRE DE PHILOSOPHIE. – Non, monsieur : tout ce qui n'est point prose est vers ; et tout ce qui n'est point vers est prose.

M. JOURDAIN. – Et comme l'on parle, qu'est-ce que c'est donc que cela ?

MAÎTRE DE PHILOSOPHIE. – De la prose.

M. JOURDAIN. – Quoi ? quand je dis : «Nicole, apportez-moi mes pantoufles, et me donnez mon bonnet de nuit», c'est de la prose ?

MAÎTRE DE PHILOSOPHIE. – Oui, monsieur.

M. JOURDAIN. – Par ma foi ! il y a plus de quarante ans que je dis de la prose sans que j'en susse rien, et je vous suis le plus obligé[3] du monde de m'avoir appris cela. Je

---

1. *Billet* : lettre d'amour.
2. *Que vous lui voulez écrire* : que vous voulez lui écrire.
3. *Obligé* : reconnaissant.

voudrais donc lui mettre dans un billet : *Belle Marquise, vos beaux yeux me font mourir d'amour* ; mais je voudrais que cela fût mis d'une manière galante, que cela fût tourné gentiment[1].

MAÎTRE DE PHILOSOPHIE. – Mettre que les feux de ses yeux réduisent votre cœur en cendres ; que vous souffrez nuit et jour pour elle les violences d'un...

M. JOURDAIN. – Non, non, non, je ne veux point tout cela ; je ne veux que ce que je vous ai dit : *Belle Marquise, vos beaux yeux me font mourir d'amour.*

MAÎTRE DE PHILOSOPHIE. – Il faut bien étendre un peu la chose.

M. JOURDAIN. – Non, vous dis-je, je ne veux que ces seules paroles-là dans le billet ; mais tournées à la mode, bien arrangées comme il faut. Je vous prie de me dire un peu, pour voir, les diverses manières dont on les peut mettre.

MAÎTRE DE PHILOSOPHIE. – On les peut mettre premièrement comme vous avez dit : *Belle Marquise, vos beaux yeux me font mourir d'amour.* Ou bien : *D'amour mourir me font, belle Marquise, vos beaux yeux.* Ou bien : *Vos yeux beaux d'amour me font, belle Marquise, mourir.* Ou bien : *Mourir vos beaux yeux, belle Marquise, d'amour me font.* Ou bien : *Me font vos yeux beaux mourir, belle Marquise, d'amour.*

M. JOURDAIN. – Mais de toutes ces façons-là, laquelle est la meilleure ?

MAÎTRE DE PHILOSOPHIE. – Celle que vous avez dite : *Belle Marquise, vos beaux yeux me font mourir d'amour.*

M. JOURDAIN. – Cependant je n'ai point étudié, et j'ai fait cela tout du premier coup. Je vous remercie de tout mon cœur, et vous prie de venir demain de bonne heure.

---

1. *Gentiment* : joliment.

MAÎTRE DE PHILOSOPHIE. – Je n'y manquerai pas.

M. JOURDAIN. – Comment ? mon habit n'est point encore arrivé ?

SECOND LAQUAIS. – Non, monsieur.

M. JOURDAIN. – Ce maudit tailleur me fait bien attendre pour un jour où j'ai tant d'affaires. J'enrage. Que la fièvre quartaine[1] puisse serrer[2] bien fort le bourreau de tailleur ! Au diable le tailleur ! La peste étouffe[3] le tailleur ! Si je le tenais maintenant, ce tailleur détestable, ce chien de tailleur-là, ce traître de tailleur, je...

Scène 5

MAÎTRE TAILLEUR, GARÇON TAILLEUR, *portant l'habit de M. Jourdain*,
M. JOURDAIN, LAQUAIS

M. JOURDAIN. – Ah ! vous voilà ! je m'allais mettre en colère contre vous.

MAÎTRE TAILLEUR. – Je n'ai pas pu venir plus tôt, et j'ai mis vingt garçons après votre habit.

M. JOURDAIN. – Vous m'avez envoyé des bas de soie si étroits que j'ai eu toutes les peines du monde à les mettre, et il y a déjà deux mailles de rompues.

MAÎTRE TAILLEUR. – Ils ne s'élargiront que trop.

---

1. *Fièvre quartaine* : forte fièvre.
2. *Serrer* : attaquer.
3. *La peste étouffe* : que la peste étouffe.

M. JOURDAIN. – Oui, si je romps toujours des mailles. Vous m'avez aussi fait faire des souliers qui me blessent furieusement[1].

MAÎTRE TAILLEUR. – Point du tout, monsieur.

M. JOURDAIN. – Comment, point du tout ?

MAÎTRE TAILLEUR. – Non, ils ne vous blessent point.

M. JOURDAIN. – Je vous dis qu'ils me blessent, moi.

MAÎTRE TAILLEUR. – Vous vous imaginez cela.

M. JOURDAIN. – Je me l'imagine, parce que je le sens. Voyez la belle raison !

MAÎTRE TAILLEUR. – Tenez, voilà le plus bel habit de la cour, et le mieux assorti. C'est un chef-d'œuvre que d'avoir inventé un habit sérieux qui ne fût pas noir ; et je le donne en six coups aux tailleurs les plus éclairés[2].

M. JOURDAIN. – Qu'est-ce que c'est que ceci ? Vous avez mis les fleurs en enbas[3].

MAÎTRE TAILLEUR. – Vous ne m'aviez pas dit que vous les vouliez en enhaut[4].

M. JOURDAIN. – Est-ce qu'il faut dire cela ?

MAÎTRE TAILLEUR. – Oui, vraiment. Toutes les personnes de qualité les portent de la sorte.

M. JOURDAIN. – Les personnes de qualité portent les fleurs en enbas ?

MAÎTRE TAILLEUR. – Oui, monsieur.

M. JOURDAIN. – Oh ! voilà qui est donc bien.

MAÎTRE TAILLEUR. – Si vous voulez, je les mettrai en enhaut.

---

1. *Furieusement* : terriblement.
2. *Je le donne en six coups aux tailleurs les plus éclairés* : je défie les meilleurs tailleurs de réussir à le faire en six reprises (formule de défi qui provient d'un jeu de dés).
3. *En enbas* : à l'envers, la «tête» (corolle) en bas.
4. *En enhaut* : à l'endroit, la «tête» en haut.

M. Jourdain. – Non, non.

450 Maître tailleur. – Vous n'avez qu'à dire.

M. Jourdain. – Non, vous dis-je ; vous avez bien fait. Croyez-vous que l'habit m'aille bien ?

Maître tailleur. – Belle demande ! Je défie un peintre avec son pinceau, de vous faire rien de plus juste. J'ai chez
455 moi un garçon qui, pour monter une rhingrave[1], est le plus grand génie du monde ; et un autre qui, pour assembler un pourpoint[2], est le héros de notre temps.

M. Jourdain. – La perruque et les plumes sont-elles comme il faut ?

460 Maître tailleur. – Tout est bien.

M. Jourdain, *en regardant l'habit du tailleur*. – Ah ! ah ! monsieur le tailleur, voilà de mon étoffe[3] du dernier habit que vous m'avez fait. Je la reconnais bien.

Maître tailleur. – C'est que l'étoffe me sembla si belle que
465 j'en ai voulu lever un habit pour moi.

M. Jourdain. – Oui, mais il ne fallait pas le lever avec le mien[4].

Maître tailleur. – Voulez-vous mettre votre habit ?

M. Jourdain. – Oui, donnez-moi.

470 Maître tailleur. – Attendez. Cela ne va pas comme cela. J'ai amené des gens pour vous habiller en cadence, et ces sortes d'habits se mettent avec cérémonie. Holà ! entrez, vous autres. Mettez cet habit à monsieur, de la manière que vous faites aux personnes de qualité.

---

1. *Rhingrave* : pantalon court, très large, serré aux genoux par des rubans.
2. *Pourpoint* : partie de l'habit qui couvre la poitrine, du cou jusqu'à la ceinture.
3. *Étoffe* : tissu.
4. *Le lever avec le mien* : faire votre habit avec le tissu du mien.

475 *Quatre garçons tailleurs entrent, dont deux lui arrachent le haut-de-chausses de ses exercices[1], et deux autres la camisole; puis ils lui mettent son habit neuf; et M. Jourdain se promène entre eux, et leur montre son habit, pour voir s'il est bien. Le tout à la cadence de toute la symphonie[2].*

480 GARÇON TAILLEUR. – Mon gentilhomme[3], donnez, s'il vous plaît, aux garçons quelque chose pour boire.

M. JOURDAIN. – Comment m'appelez-vous?

GARÇON TAILLEUR. – Mon gentilhomme.

M. JOURDAIN. – «Mon gentilhomme»! Voilà ce que c'est de 485 se mettre en personne de qualité. Allez-vous-en demeurer toujours habillé en bourgeois, on ne vous dira point: «Mon gentilhomme». Tenez[4], voilà pour «Mon gentilhomme».

GARÇON TAILLEUR. – Monseigneur, nous vous sommes bien 490 obligés.

M. JOURDAIN. – «Monseigneur»! oh! oh! oh! «Monseigneur»! Attendez, mon ami: «Monseigneur» mérite quelque chose, et ce n'est pas une petite parole que «Monseigneur.» Tenez, voilà ce que Monseigneur vous 495 donne.

GARÇON TAILLEUR. – Monseigneur, nous allons boire tous à la santé de Votre Grandeur.

M. JOURDAIN. – «Votre Grandeur»! Oh! oh! oh! Attendez, ne vous en allez pas. À moi, «Votre Grandeur»! Ma foi,

---

1. *De ses exercices* : qu'il avait enfilé pour s'entraîner au fleuret.
2. Il s'agit ici d'une gavotte, c'est-à-dire d'un morceau vif et rapide.
3. *Gentilhomme* est un titre donné à un noble de naissance; *Monseigneur* (l. 489) est réservé aux personnes de haute noblesse; *Votre Grandeur* (l. 496) aux grands seigneurs; *Votre Altesse* (l. 500) aux princes et aux rois.
4. M. Jourdain donne un pourboire au garçon tailleur.

500 s'il va jusqu'à l'Altesse, il aura toute la bourse. Tenez, voilà pour Ma Grandeur.
GARÇON TAILLEUR. – Monseigneur, nous la remercions très humblement de ses libéralités[1].
M. JOURDAIN. – Il a bien fait : je lui allais tout donner.

505 *Les quatre garçons tailleurs se réjouissent par une danse qui fait le second intermède.*

---

1. Libéralités : générosités.

Acte III

Scène première

M. Jourdain, laquais

M. JOURDAIN. – Suivez-moi, que j'aille un peu montrer mon habit par la ville ; et surtout ayez soin tous deux de marcher immédiatement sur mes pas, afin qu'on voie bien que vous êtes à moi.
5 LAQUAIS. – Oui, monsieur.
M. JOURDAIN. – Appelez-moi Nicole, que je lui donne quelques ordres. Ne bougez, la voilà.

Scène 2

Nicole, M. Jourdain, laquais

M. JOURDAIN. – Nicole !
NICOLE. – Plaît-il[1] ?
10 M. JOURDAIN. – Écoutez.
NICOLE. – Hi, hi, hi, hi, hi.

---

1. *Plaît-il ?* : que voulez-vous ? Que puis-je pour vous ?

M. JOURDAIN. – Qu'as-tu à rire ?

NICOLE. – Hi, hi, hi, hi, hi, hi.

M. JOURDAIN. – Que veut dire cette coquine-là ?

15 NICOLE. – Hi, hi, hi. Comme vous voilà bâti[1] ! Hi, hi, hi.

M. JOURDAIN. – Comment donc ?

NICOLE. – Ah, ah ! mon Dieu ! Hi, hi, hi, hi, hi.

M. JOURDAIN. – Quelle friponne est-ce là ! Te moques-tu de moi ?

20 NICOLE. – Nenni[2], monsieur, j'en serais bien fâchée. Hi, hi, hi, hi, hi, hi.

M. JOURDAIN. – Je te baillerai[3] sur le nez, si tu ris davantage.

NICOLE. – Monsieur, je ne puis pas m'en empêcher. Hi, hi, hi, hi, hi, hi.

25 M. JOURDAIN. – Tu ne t'arrêteras pas ?

NICOLE. – Monsieur, je vous demande pardon ; mais vous êtes si plaisant, que je ne saurais me tenir[4] de rire. Hi, hi, hi.

M. JOURDAIN. – Mais voyez quelle insolence.

30 NICOLE. – Vous êtes tout à fait drôle comme cela. Hi, hi.

M. JOURDAIN. – Je te...

NICOLE. – Je vous prie de m'excuser. Hi, hi, hi, hi.

M. JOURDAIN. – Tiens, si tu ris encore le moins du monde, je te jure que je t'appliquerai sur la joue le plus grand
35 soufflet[5] qui se soit jamais donné.

NICOLE. – Hé bien, monsieur, voilà qui est fait, je ne rirai plus.

---

1. *Bâti* : accoutré, déguisé.
2. *Nenni* : non.
3. *Baillerai* : donnerai des coups.
4. *Tenir* : retenir.
5. *Soufflet* : gifle.

M. JOURDAIN. – Prends-y bien garde. Il faut que pour tantôt tu nettoies…
40 NICOLE. – Hi, hi.
M. JOURDAIN. – Que tu nettoies comme il faut…
NICOLE. – Hi, hi.
M. JOURDAIN. – Il faut, dis-je, que tu nettoies la salle, et…
NICOLE. – Hi, hi.
45 M. JOURDAIN. – Encore !
NICOLE. – Tenez, monsieur, battez-moi plutôt et me laissez rire tout mon soûl[1], cela me fera plus de bien. Hi, hi, hi, hi, hi.
M. JOURDAIN. – J'enrage.
50 NICOLE. – De grâce, monsieur, je vous prie de me laisser rire. Hi, hi, hi.
M. JOURDAIN. – Si je te prends…
NICOLE. – Monsieur, eur, je crèverai, ai, si je ne ris. Hi, hi, hi.
M. JOURDAIN. – Mais a-t-on jamais vu une pendarde[2] comme
55 celle-là ? Qui me vient rire insolemment au nez, au lieu de recevoir mes ordres ?
NICOLE. – Que voulez-vous que je fasse, monsieur ?
M. JOURDAIN. – Que tu songes, coquine, à préparer ma maison pour la compagnie[3] qui doit venir tantôt.
60 NICOLE. – Ah ! par ma foi ! je n'ai plus envie de rire ; et toutes vos compagnies font tant de désordre céans que ce mot est assez pour me mettre en mauvaise humeur.
M. JOURDAIN. – Ne dois-je point pour toi fermer ma porte à tout le monde ?
65 NICOLE. – Vous devriez au moins la fermer à certaines gens.

---

1. *Tout mon soûl* : autant que je le veux.
2. *Pendarde* : insolente, tellement mauvaise qu'elle mérite d'être pendue.
3. *Compagnie* : groupe d'amis.

Scène 3

Mme Jourdain, M. Jourdain,
Nicole, laquais

Mme Jourdain. – Ah, ah ! voici une nouvelle histoire. Qu'est-ce que c'est donc, mon mari, que cet équipage[1]-là ? Vous moquez-vous du monde, de vous être fait enharnacher[2] de la sorte ? et avez-vous envie qu'on se raille[3] partout de vous ?

M. Jourdain. – Il n'y a que des sots et des sottes, ma femme, qui se railleront de moi.

Mme Jourdain. – Vraiment on n'a pas attendu jusqu'à cette heure, et il y a longtemps que vos façons de faire donnent à rire à tout le monde.

M. Jourdain. – Qui est donc tout ce monde-là, s'il vous plaît ?

Mme Jourdain. – Tout ce monde-là est un monde qui a raison, et qui est plus sage que vous. Pour moi, je suis scandalisée de la vie que vous menez. Je ne sais plus ce que c'est que notre maison : on dirait qu'il est céans carême-prenant[4] tous les jours ; et dès le matin, de peur d'y manquer, on y entend des vacarmes de violons et de chanteurs, dont tout le voisinage se trouve incommodé.

---

1. Équipage : ici, habit.
2. Enharnacher : habiller de façon grotesque.
3. Raille : moque.
4. Qu'il est céans carême-prenant : que, ici, c'est mardi gras (c'est-à-dire un des trois jours de carnaval précédant le jeûne du carême, au cours desquels on faisait la fête).

NICOLE. – Madame parle bien. Je ne saurais plus voir mon ménage propre[1], avec cet attirail de gens que vous faites venir chez vous. Ils ont des pieds qui vont chercher de la boue dans tous les quartiers de la ville, pour l'appor-
90 ter ici ; et la pauvre Françoise est presque sur les dents[2], à frotter les planchers que vos biaux[3] maîtres viennent crotter[4] régulièrement tous les jours.

M. JOURDAIN. – Ouais[5], notre servante Nicole, vous avez le caquet bien affilé[6] pour une paysanne.

95 MME JOURDAIN. – Nicole a raison, et son sens[7] est meilleur que le vôtre. Je voudrais bien savoir ce que vous pensez faire d'un maître à danser à l'âge que vous avez.

NICOLE. – Et d'un grand maître tireur d'armes, qui vient, avec ses battements de pied, ébranler toute la maison, et
100 nous déraciner tous les carriaux[8] de notre salle ?

M. JOURDAIN. – Taisez-vous, ma servante, et ma femme.

MME JOURDAIN. – Est-ce que vous voulez apprendre à danser pour quand vous n'aurez plus de jambes ?

NICOLE. – Est-ce que vous avez envie de tuer quelqu'un ?

105 M. JOURDAIN. – Taisez-vous, vous dis-je : vous êtes des ignorantes l'une et l'autre, et vous ne savez pas les prérogatives[9] de tout cela.

---

1. Je ne saurais plus voir mon ménage propre : je ne réussis plus à garder la maison propre.
2. Sur les dents : morte de fatigue.
3. Biaux : patois pour « beaux ».
4. Crotter : salir.
5. Ouais : expression qui marque la surprise (elle n'est pas vulgaire).
6. Vous avez le caquet bien affilé : vous avez la langue bien pendue, c'est-à-dire « vous êtes bien insolente ».
7. Son sens : son bon sens, sa raison.
8. Carriaux : patois pour « carreaux ».
9. Prérogatives : privilèges, avantages.

MME JOURDAIN. – Vous devriez bien plutôt songer à marier votre fille, qui est en âge d'être pourvue[1].

M. JOURDAIN. – Je songerai à marier ma fille quand il se présentera un parti[2] pour elle ; mais je veux songer aussi à apprendre les belles choses.

NICOLE. – J'ai encore ouï[3] dire, madame, qu'il a pris aujourd'hui pour renfort de potage[4] un maître de philosophie.

M. JOURDAIN. – Fort bien : je veux avoir de l'esprit, et savoir raisonner des choses parmi les honnêtes gens.

MME JOURDAIN. – N'irez-vous point l'un de ces jours au collège vous faire donner le fouet, à votre âge ?

M. JOURDAIN. – Pourquoi non ? Plût à Dieu l'avoir tout à l'heure[5] le fouet, devant tout le monde, et savoir ce qu'on apprend au collège !

NICOLE. – Oui, ma foi ! Cela vous rendrait la jambe bien mieux faite[6].

M. JOURDAIN. – Sans doute.

MME JOURDAIN. – Tout cela est fort nécessaire pour conduire votre maison.

M. JOURDAIN. – Assurément. Vous parlez toutes deux comme des bêtes, et j'ai honte de votre ignorance. Par exemple, savez-vous, vous, ce que c'est que vous dites à cette heure ?

---

1. *Pourvue* : mariée.
2. *Parti* : mari.
3. *Ouï* : entendu.
4. *Pour renfort de potage* : pour couronner le tout, pour comble de folie (expression populaire).
5. *Tout à l'heure* : tout de suite.
6. *Cela vous rendrait la jambe bien mieux faite* : cela vous ferait une belle jambe (expression populaire).

Mme Jourdain. – Oui, je sais que ce que je dis est fort bien dit, et que vous devriez songer à vivre d'autre sorte[1].

M. Jourdain. – Je ne parle pas de cela. Je vous demande ce que c'est que les paroles que vous dites ici ?

Mme Jourdain. – Ce sont des paroles bien sensées, et votre conduite ne l'est guère.

M. Jourdain. – Je ne parle pas de cela, vous dis-je. Je vous demande : ce que je parle avec vous, ce que je vous dis à cette heure, qu'est-ce que c'est ?

Mme Jourdain. – Des chansons[2].

M. Jourdain. – Hé non ! ce n'est pas cela. Ce que nous disons tous deux, le langage que nous parlons à cette heure ?

Mme Jourdain. – Hé bien ?

M. Jourdain. – Comment est-ce que cela s'appelle ?

Mme Jourdain. – Cela s'appelle comme on veut l'appeler.

M. Jourdain. – C'est de la prose, ignorante.

Mme Jourdain. – De la prose ?

M. Jourdain. – Oui, de la prose. Tout ce qui est prose n'est point vers ; et tout ce qui n'est point vers n'est point prose[3]. Heu, voilà ce que c'est d'étudier. Et toi, sais-tu bien comme il faut faire pour dire un U ?

Nicole. – Comment ?

M. Jourdain. – Oui. Qu'est-ce que tu fais quand tu dis un U ?

Nicole. – Quoi ?

M. Jourdain. – Dis un peu U, pour voir ?

---

1. *D'autre sorte* : autrement.
2. *Chansons* : propos sans intérêt, sottises.
3. M. Jourdain emploie ici une négation de trop, signe que la leçon n'est pas encore maîtrisée.

NICOLE. – Hé bien, U.
M. JOURDAIN. – Qu'est-ce que tu fais ?
NICOLE. – Je dis U.
M. JOURDAIN. – Oui ; mais quand tu dis U, qu'est-ce que tu fais ?
NICOLE. – Je fais ce que vous me dites.
M. JOURDAIN. – Ô l'étrange chose que d'avoir affaire à des bêtes ! Tu allonges les lèvres en dehors, et approches la mâchoire d'en haut de celle d'en bas : U, vois-tu ? Je fais la moue : U.
NICOLE. – Oui, cela est biau.
MME JOURDAIN. – Voilà qui est admirable.
M. JOURDAIN. – C'est bien autre chose, si vous aviez vu O, et Da, Da, et Fa, Fa.
MME JOURDAIN. – Qu'est-ce donc que tout ce galimatias[1]-là ?
NICOLE. – De quoi est-ce que tout cela guérit ?
M. JOURDAIN. – J'enrage quand je vois des femmes ignorantes.
MME JOURDAIN. – Allez, vous devriez envoyer promener tous ces gens-là, avec leurs fariboles[2].
NICOLE. – Et surtout ce grand escogriffe[3] de maître d'armes, qui remplit de poudre[4] tout mon ménage.
M. JOURDAIN. – Ouais, ce maître d'armes vous tient fort au cœur[5]. Je te veux faire voir[6] ton impertinence tout à l'heure. *(Il fait apporter les fleurets et en donne à Nicole.)*

---

1. *Galimaltias* : discours incompréhensible.
2. *Fariboles* : propos sans intérêt.
3. *Escogriffe* : homme très grand et d'allure disgracieuse (terme péjoratif).
4. *Poudre* : poussière.
5. *Vous tient fort au cœur* : vous déplaît beaucoup.
6. *Je te veux faire voir* : je veux te faire voir.

Tiens. Raison démonstrative, la ligne du corps. Quand on pousse en quarte, on n'a qu'à faire cela, et quand on pousse en tierce, on n'a qu'à faire cela. Voilà le moyen de n'être jamais tué ; et cela n'est-il pas beau, d'être assuré de son fait, quand on se bat contre quelqu'un ? Là, pousse-moi un peu pour voir.

NICOLE. – Hé bien, quoi ?

Nicole lui pousse plusieurs coups.

M. JOURDAIN. – Tout beau, holà, oh ! doucement. Diantre soit la coquine !

NICOLE. – Vous me dites de pousser.

M. JOURDAIN. – Oui ; mais tu me pousses en tierce, avant que de pousser en quarte, et tu n'as pas la patience que je pare.

MME JOURDAIN. – Vous êtes fou, mon mari, avec toutes vos fantaisies, et cela vous est venu depuis que vous vous mêlez de hanter[1] la noblesse.

M. JOURDAIN. – Lorsque je hante la noblesse, je fais paraître mon jugement[2], et cela est plus beau que de hanter votre bourgeoisie.

MME JOURDAIN. – Çamon[3] vraiment ! il y a fort à gagner à fréquenter vos nobles, et vous avez bien opéré avec ce beau monsieur le comte dont vous vous êtes embéguiné[4].

M. JOURDAIN. – Paix ! Songez à ce que vous dites. Savez-vous bien, ma femme, que vous ne savez pas de qui vous parlez, quand vous parlez de lui ? C'est une personne d'importance plus que vous ne pensez, un seigneur que

---

1. *Hanter* : fréquenter.
2. *Jugement* : ici, esprit, intelligence.
3. *Çamon* : ah oui ! (expression populaire qui renforce «vraiment»).
4. *Embéguiné* : entiché (terme péjoratif).

l'on considère à la cour, et qui parle au roi tout comme je vous parle. N'est-ce pas une chose qui m'est tout à fait honorable, que l'on voie venir chez moi si souvent une personne de cette qualité, qui m'appelle son cher ami, et me traite comme si j'étais son égal ? Il a pour moi des bontés qu'on ne devinerait jamais ; et, devant tout le monde, il me fait des caresses[1] dont je suis moi-même confus.

Mme Jourdain. – Oui, il a des bontés pour vous, et vous fait des caresses ; mais il vous emprunte votre argent.

M. Jourdain. – Hé bien ! ne m'est-ce pas de l'honneur, de prêter de l'argent à un homme de cette condition-là ? et puis-je faire moins pour un seigneur qui m'appelle son cher ami ?

Mme Jourdain. – Et ce seigneur, que fait-il pour vous ?

M. Jourdain. – Des choses dont on serait étonné, si on les savait.

Mme Jourdain. – Et quoi ?

M. Jourdain. – Baste[2], je ne puis pas m'expliquer. Il suffit que si je lui ai prêté de l'argent, il me le rendra bien, et avant qu'il soit peu[3].

Mme Jourdain. – Oui, attendez-vous à cela.

M. Jourdain. – Assurément : ne me l'a-t-il pas dit ?

Mme Jourdain. – Oui, oui : il ne manquera pas d'y faillir[4].

M. Jourdain. – Il m'a juré sa foi de gentilhomme.

Mme Jourdain. – Chansons.

---

1. *Caresses* : démonstrations d'amitié, flatteries.
2. *Baste* : cela suffit !
3. *Avant qu'il soit peu* : bientôt.
4. *Il ne manquera pas d'y faillir* : à coup sûr, il ne tiendra pas ses engagements.

M. Jourdain. – Ouais, vous êtes bien obstinée, ma femme. Je vous dis qu'il me tiendra parole, j'en suis sûr.

Mme Jourdain. – Et moi, je suis sûre que non, et que toutes les caresses qu'il vous fait ne sont que pour vous enjôler[1].

M. Jourdain. – Taisez-vous : le voici.

Mme Jourdain. – Il ne nous faut plus que cela. Il vient peut-être encore vous faire quelque emprunt ; et il me semble que j'ai dîné[2] quand je le vois.

M. Jourdain. – Taisez-vous, vous dis-je.

Scène 4

Dorante, M. Jourdain, Mme Jourdain, Nicole

Dorante. – Mon cher ami, M. Jourdain, comment vous portez-vous ?

M. Jourdain. – Fort bien, monsieur, pour vous rendre mes petits services.

Dorante. – Et Mme Jourdain que voilà, comment se porte-t-elle ?

Mme Jourdain. – Mme Jourdain se porte comme elle peut.

Dorante. – Comment, M. Jourdain ? vous voilà le plus propre[3] du monde !

M. Jourdain. – Vous voyez.

---

1. *Enjôler* : tromper.
2. *Il me semble que j'ai dîné* : cela me coupe l'appétit.
3. *Propre* : élégant.

DORANTE. – Vous avez tout à fait bon air avec cet habit, et nous n'avons point de jeunes gens à la cour qui soient mieux faits que vous.

260 M. JOURDAIN. – Hay, hay.

MME JOURDAIN. – Il le gratte par où il se démange[1].

DORANTE. – Tournez-vous. Cela est tout à fait galant.

MME JOURDAIN. – Oui, aussi sot par-derrière que par-devant.

DORANTE. – Ma foi ! M. Jourdain, j'avais une impatience
265 étrange[2] de vous voir. Vous êtes l'homme du monde que j'estime le plus, et je parlais de vous encore ce matin dans la chambre du roi.

M. JOURDAIN. – Vous me faites beaucoup d'honneur, monsieur. *(À Mme Jourdain.)* Dans la chambre du roi !

270 DORANTE. – Allons, mettez[3]…

M. JOURDAIN. – Monsieur, je sais le respect que je vous dois.

DORANTE. – Mon Dieu ! mettez : point de cérémonie entre nous, je vous prie.

275 M. JOURDAIN. – Monsieur…

DORANTE. – Mettez, vous dis-je, M. Jourdain : vous êtes mon ami.

M. JOURDAIN. – Monsieur, je suis votre serviteur.

DORANTE. – Je ne me couvrirai point, si vous ne vous
280 couvrez.

M. JOURDAIN. – J'aime mieux être incivil[4] qu'importun[5].

---

1. *Il le gratte par où il se démange* : il le caresse dans le sens du poil.
2. *Étrange* : très forte.
3. *Mettez* : mettez votre chapeau (on enlève son chapeau en signe de respect).
4. *Incivil* : impoli.
5. *Importun* : agaçant.

DORANTE. – Je suis votre débiteur[1], comme vous le savez.

MME JOURDAIN. – Oui, nous ne le savons que trop.

DORANTE. – Vous m'avez généreusement prêté de l'argent en plusieurs occasions, et m'avez obligé[2] de la meilleure grâce du monde, assurément.

M. JOURDAIN. – Monsieur, vous vous moquez.

DORANTE. – Mais je sais rendre ce qu'on me prête, et reconnaître les plaisirs qu'on me fait.

M. JOURDAIN. – Je n'en doute point, monsieur.

DORANTE. – Je veux sortir d'affaire avec vous, et je viens ici pour faire nos comptes ensemble.

M. JOURDAIN. – Hé bien ! vous voyez votre impertinence, ma femme.

DORANTE. – Je suis homme qui aime à m'acquitter[3] le plus tôt que je puis.

M. JOURDAIN. – Je vous le disais bien.

DORANTE. – Voyons un peu ce que je vous dois.

M. JOURDAIN. – Vous voilà, avec vos soupçons ridicules.

DORANTE. – Vous souvenez-vous bien de tout l'argent que vous m'avez prêté ?

M. JOURDAIN. – Je crois que oui. J'en ai fait un petit mémoire[4]. Le voici. Donné à vous une fois deux cents louis[5].

DORANTE. – Cela est vrai.

M. JOURDAIN. – Une autre fois, six-vingts[6].

---

1. Débiteur : celui qui doit quelque chose, ici, de l'argent.
2. M'avez obligé : m'avez rendu service.
3. M'acquitter : régler mes dettes.
4. Mémoire : carnet dans lequel on note ce dont on doit se souvenir.
5. Le louis est une monnaie d'or qui vaut légèrement moins que la pistole mais plus que la livre (ou franc), qui elle-même vaut plus que le sol, lequel vaut plus que le denier.
6. Six-vingts : six fois vingt, soit cent vingt.

DORANTE. – Oui.

M. JOURDAIN. – Et une autre fois, cent quarante.

DORANTE. – Vous avez raison.

M. JOURDAIN. – Ces trois articles font quatre cent soixante louis, qui valent cinq mille soixante livres.

DORANTE. – Le compte est fort bon. Cinq mille soixante livres.

M. JOURDAIN. – Mille huit cent trente-deux livres à votre plumassier[1].

DORANTE. – Justement[2].

M. JOURDAIN. – Deux mille sept cent quatre-vingts livres à votre tailleur.

DORANTE. – Il est vrai.

M. JOURDAIN. – Quatre mille trois cent septante-neuf[3] livres douze sols huit deniers à votre marchand.

DORANTE. – Fort bien. Douze sols huit deniers : le compte est juste.

M. JOURDAIN. – Et mille sept cent quarante-huit livres sept sols quatre deniers à votre sellier[4].

DORANTE. – Tout cela est véritable. Qu'est-ce que cela fait ?

M. JOURDAIN. – Somme totale, quinze mille huit cents livres.

DORANTE. – Somme totale est juste : quinze mille huit cents livres. Mettez encore deux cents pistoles que vous m'allez donner, cela fera justement dix-huit mille francs, que je vous payerai au premier jour.

MME JOURDAIN. – Hé bien ! ne l'avais-je pas bien deviné ?

---

1. *Plumassier* : marchand de plumes.
2. *Justement* : tout cela est exact.
3. *Septante-neuf* : soixante-dix-neuf.
4. *Sellier* : fabricant de selles.

■ M. Jourdain (Philippe Car) et Dorante (joué par un robot) dans la mise en scène de Philippe Car, en 2009 (compagnie Agence de Voyages Imaginaires). Voir dossier de l'édition, p. 182-184.

© Photo Elian Bachini

M. JOURDAIN. – Paix !

DORANTE. – Cela vous incommodera-t-il, de me donner ce que je vous dis ?

M. JOURDAIN. – Eh non !

MME JOURDAIN. – Cet homme-là fait de vous une vache à lait[1].

M. JOURDAIN. – Taisez-vous.

DORANTE. – Si cela vous incommode, j'en irai chercher ailleurs.

M. JOURDAIN. – Non, monsieur.

MME JOURDAIN. – Il ne sera pas content, qu'il ne vous ait ruiné[2].

M. JOURDAIN. – Taisez-vous, vous dis-je.

DORANTE. – Vous n'avez qu'à me dire si cela vous embarrasse.

M. JOURDAIN. – Point, monsieur.

MME JOURDAIN. – C'est un vrai enjôleur[3].

M. JOURDAIN. – Taisez-vous donc.

MME JOURDAIN. – Il vous sucera jusqu'au dernier sou.

M. JOURDAIN. – Vous tairez-vous ?

DORANTE. – J'ai force[4] gens qui m'en prêteraient avec joie ; mais, comme vous êtes mon meilleur ami, j'ai cru que je vous ferais tort si j'en demandais à quelque autre.

M. JOURDAIN. – C'est trop d'honneur, monsieur, que vous me faites. Je vais quérir[5] votre affaire.

---

1. Vache à lait : expression qui désigne une personne dont on tire un profit continuel (comme une vache dont on tire le lait).
2. Qu'il ne vous ait ruiné : avant de vous avoir ruiné.
3. Enjôleur : qui séduit pour tromper.
4. Force : beaucoup de.
5. Quérir : chercher.

MME JOURDAIN. – Quoi ? vous allez encore lui donner cela ?
M. JOURDAIN. – Que faire ? voulez-vous que je refuse un homme de cette condition-là, qui a parlé de moi ce matin dans la chambre du roi ?
MME JOURDAIN. – Allez, vous êtes une vraie dupe[1].

Scène 5

DORANTE, MME JOURDAIN, NICOLE

DORANTE. – Vous me semblez toute mélancolique : qu'avez-vous, Mme Jourdain ?
MME JOURDAIN. – J'ai la tête plus grosse que le poing, et si[2] elle n'est pas enflée.
DORANTE. – Mademoiselle votre fille, où est-elle, que je ne la vois point ?
MME JOURDAIN. – Mademoiselle ma fille est bien où elle est.
DORANTE. – Comment se porte-t-elle ?
MME JOURDAIN. – Elle se porte sur ses deux jambes.
DORANTE. – Ne voulez-vous point un de ces jours venir voir, avec elle, le ballet et la comédie que l'on fait chez le roi ?
MME JOURDAIN. – Oui vraiment, nous avons fort envie de rire, fort envie de rire nous avons.
DORANTE. – Je pense, Mme Jourdain, que vous avez eu bien des amants[3] dans votre jeune âge, belle et d'agréable humeur comme vous étiez.

---

1. *Dupe* : homme facile à tromper.
2. *Et si* : et pourtant.
3. *Amants* : ici, prétendants.

MME JOURDAIN. – Trédame[1], monsieur, est-ce que Mme Jourdain
est décrépite[2], et la tête lui grouille[3]-t-elle déjà ?
DORANTE. – Ah, ma foi ! Mme Jourdain, je vous demande pardon. Je ne songeais pas que vous êtes jeune, et je rêve[4] le plus souvent. Je vous prie d'excuser mon impertinence.

Scène 6

M. JOURDAIN, MME JOURDAIN,
DORANTE, NICOLE

M. JOURDAIN. – Voilà deux cents louis bien comptés.
DORANTE. – Je vous assure, M. Jourdain, que je suis tout à vous, et que je brûle[5] de vous rendre un service à la cour.
M. JOURDAIN. – Je vous suis trop obligé.
DORANTE. – Si Mme Jourdain veut voir le divertissement[6] royal, je lui ferai donner les meilleures places de la salle.
MME JOURDAIN. – Mme Jourdain vous baise les mains[7].
DORANTE, *bas, à M. Jourdain*. – Notre belle marquise, comme je vous ai mandé[8] par mon billet, viendra tantôt ici pour

---

1. *Trédame* : abréviation de « Notre-Dame » (juron populaire).
2. *Décrépite* : très vieille.
3. *Grouille* : tremble.
4. *Je rêve* : je suis distrait.
5. *Brûle* : meurs d'envie.
6. *Divertissement* : pièce de théâtre avec danses et chants.
7. *Vous baise les mains* : vous remercie (formule de politesse qui peut être ironique).
8. *Mandé* : ici, fait savoir.

le ballet et le repas et je l'ai fait consentir enfin au cadeau[1] que vous lui voulez donner.

M. JOURDAIN. – Tirons-nous[2] un peu plus loin, pour causer.

DORANTE. – Il y a huit jours que je ne vous ai vu, et je ne vous ai point mandé de nouvelles du diamant que vous me mîtes entre les mains pour lui en faire présent de votre part ; mais c'est que j'ai eu toutes les peines du monde à vaincre son scrupule, et ce n'est que d'aujourd'hui qu'elle s'est résolue à l'accepter.

M. JOURDAIN. – Comment l'a-t-elle trouvé ?

DORANTE. – Merveilleux ; et je me trompe fort, ou la beauté de ce diamant fera pour vous sur son esprit un effet admirable.

M. JOURDAIN. – Plût au Ciel !

MME JOURDAIN. – Quand il est une fois avec lui, il ne peut le quitter.

DORANTE. – Je lui ai fait valoir comme il faut la richesse de ce présent et la grandeur de votre amour.

M. JOURDAIN. – Ce sont, monsieur, des bontés qui m'accablent[3] ; et je suis dans une confusion la plus grande du monde, de voir une personne de votre qualité s'abaisser pour moi à ce que vous faites.

DORANTE. – Vous moquez-vous ? Est-ce qu'entre amis on s'arrête à ces sortes de scrupules ? et ne feriez-vous pas pour moi la même chose, si l'occasion s'en offrait ?

M. JOURDAIN. – Ho ! assurément, et de très grand cœur.

MME JOURDAIN. – Que sa présence me pèse sur les épaules !

---

1. *Cadeau* : petite fête.
2. *Tirons-nous* : retirons-nous.
3. *Qui m'accablent* : qui sont trop généreuses.

DORANTE. – Pour moi, je ne regarde rien, quand il faut servir un ami ; et lorsque vous me fîtes confidence de l'ardeur[1] que vous aviez prise pour cette marquise agréable chez qui j'avais commerce[2], vous vîtes que d'abord je m'offris de moi-même à servir votre amour.

M. JOURDAIN. – Il est vrai, ce sont des bontés qui me confondent[3].

MME JOURDAIN. – Est-ce qu'il ne s'en ira point ?

NICOLE. – Ils se trouvent bien ensemble.

DORANTE. – Vous avez pris le bon biais[4] pour toucher son cœur : les femmes aiment surtout les dépenses qu'on fait pour elles ; et vos fréquentes sérénades, et vos bouquets continuels, ce superbe feu d'artifice qu'elle trouva sur l'eau, le diamant qu'elle a reçu de votre part, et le régale[5] que vous lui préparez, tout cela lui parle bien mieux en faveur de votre amour que toutes les paroles que vous auriez pu lui dire vous-même.

M. JOURDAIN. – Il n'y a point de dépenses que je ne fisse, si par là je pouvais trouver le chemin de son cœur. Une femme de qualité a pour moi des charmes ravissants, et c'est un honneur que j'achèterais au prix de toute chose.

MME JOURDAIN. – Que peuvent-ils tant dire ensemble ? Va-t'en un peu tout doucement prêter l'oreille.

DORANTE. – Ce sera tantôt que vous jouirez à votre aise du plaisir de sa vue, et vos yeux auront tout le temps de se satisfaire.

---

1. *Ardeur* : passion amoureuse.
2. *Chez qui j'avais commerce* : que je fréquentais.
3. *Qui me confondent* : qui me rendent plein de reconnaissance.
4. *Biais* : moyen.
5. *Régale* : spectacle offert par un hôte à ses invités.

M. Jourdain. – Pour être en pleine liberté, j'ai fait en sorte que ma femme ira dîner chez sa sœur, où elle passera toute l'après-dînée[1].

450 Dorante. – Vous avez fait prudemment, et votre femme aurait pu nous embarrasser. J'ai donné pour vous l'ordre qu'il faut au cuisinier, et à toutes les choses qui sont nécessaires pour le ballet. Il est de mon invention; et pourvu que l'exécution puisse répondre à l'idée, je suis
455 sûr qu'il sera trouvé…

M. Jourdain *s'aperçoit que Nicole écoute, et lui donne un soufflet.*
– Ouais, vous êtes bien impertinente. Sortons, s'il vous plaît.

Scène 7

Mme Jourdain, Nicole

Nicole. – Ma foi! madame, la curiosité m'a coûté quelque
460 chose; mais je crois qu'il y a quelque anguille sous roche[2], et ils parlent de quelque affaire où ils ne veulent pas que vous soyez.

Mme Jourdain. – Ce n'est pas d'aujourd'hui, Nicole, que j'ai conçu des soupçons de mon mari. Je suis la plus trompée
465 du monde[3], ou il y a quelque amour en campagne[4], et je travaille à découvrir ce que ce peut être. Mais songeons à

---

1. *Après-dînée* : temps qui suit le dîner (déjeuner), donc après-midi.
2. *Quelque anguille sous roche* : quelque chose de caché.
3. *Je suis la plus trompée du monde* : je me trompe complètement.
4. *En campagne* : en route.

ma fille. Tu sais l'amour que Cléonte a pour elle. C'est un homme qui me revient[1], et je veux aider sa recherche[2], et lui donner Lucile, si je puis.

NICOLE. – En vérité, madame, je suis la plus ravie du monde de vous voir dans ces sentiments ; car, si le maître vous revient, le valet ne me revient pas moins, et je souhaiterais que notre mariage se pût faire à l'ombre du leur.

MME JOURDAIN. – Va-t'en lui en parler de ma part, et lui dire que tout à l'heure il me vienne trouver, pour faire ensemble à mon mari la demande[3] de ma fille.

NICOLE. – J'y cours, madame, avec joie, et je ne pouvais recevoir une commission plus agréable. Je vais, je pense, bien réjouir les gens.

Scène 8

CLÉONTE, COVIELLE, NICOLE

NICOLE. – Ah ! vous voilà tout à propos. Je suis une ambassadrice de joie, et je viens…

CLÉONTE. – Retire-toi, perfide[4], et ne me viens point amuser avec tes traîtresses paroles.

NICOLE. – Est-ce ainsi que vous recevez… ?

---

1. *Qui me revient* : qui me plaît.
2. *Recherche* : cour (faite à Lucile).
3. *La demande* : la demande en mariage.
4. *Perfide* : traîtresse.

CLÉONTE. – Retire-toi, te dis-je, et va-t'en dire de ce pas à ton infidèle maîtresse qu'elle n'abusera[1] de sa vie le trop simple Cléonte.

NICOLE. – Quel vertigo[2] est-ce donc là ? Mon pauvre Covielle, dis-moi un peu ce que cela veut dire.

COVIELLE. – Ton pauvre Covielle, petite scélérate ! Allons vite, ôte-toi de mes yeux, vilaine, et me laisse en repos.

NICOLE. – Quoi ? tu me viens aussi…

COVIELLE. – Ôte-toi de mes yeux, te dis-je, et ne me parle de ta vie.

NICOLE. – Ouais ! Quelle mouche les a piqués tous deux ? Allons de cette belle histoire informer ma maîtresse.

Scène 9

CLÉONTE, COVIELLE

CLÉONTE. – Quoi ? traiter un amant de la sorte, et un amant le plus fidèle et le plus passionné de tous les amants ?

COVIELLE. – C'est une chose épouvantable, que ce qu'on nous fait à tous deux.

CLÉONTE. – Je fais voir pour une personne toute l'ardeur et toute la tendresse qu'on peut imaginer ; je n'aime rien au monde qu'elle, et je n'ai qu'elle dans l'esprit ; elle fait tous mes soins[3], tous mes désirs, toute ma joie ; je ne parle que d'elle, je ne pense qu'à elle, je ne fais des

---

1. *Abusera* : trompera.
2. *Vertigo* : caprice soudain.
3. *Soins* : soucis.

songes que d'elle, je ne respire que par elle, mon cœur vit tout en elle : et voilà de tant d'amitié la digne récompense! Je suis deux jours sans la voir, qui sont pour moi deux siècles effroyables : je la rencontre par hasard ; mon cœur, à cette vue, se sent tout transporté, ma joie éclate sur mon visage, je vole avec ravissement vers elle ; et l'infidèle détourne de moi ses regards, et passe brusquement, comme si de sa vie elle ne m'avait vu !

COVIELLE. – Je dis les mêmes choses que vous.

CLÉONTE. – Peut-on rien voir d'égal, Covielle, à cette perfidie de l'ingrate Lucile ?

COVIELLE. – Et à celle, monsieur, de la pendarde de Nicole ?

CLÉONTE. – Après tant de sacrifices ardents, de soupirs, et de vœux que j'ai faits à ses charmes !

COVIELLE. – Après tant d'assidus hommages, de soins et de services que je lui ai rendus dans sa cuisine !

CLÉONTE. – Tant de larmes que j'ai versées à ses genoux !

COVIELLE. – Tant de seaux d'eau que j'ai tirés au puits pour elle !

CLÉONTE. – Tant d'ardeur que j'ai fait paraître à la chérir plus que moi-même !

COVIELLE. – Tant de chaleur que j'ai soufferte à tourner la broche à sa place !

CLÉONTE. – Elle me fuit avec mépris !

COVIELLE. – Elle me tourne le dos avec effronterie !

CLÉONTE. – C'est une perfidie digne des plus grands châtiments.

COVIELLE. – C'est une trahison à mériter mille soufflets.

CLÉONTE. – Ne t'avise point, je te prie, de me parler jamais pour elle.

COVIELLE. – Moi, monsieur ! Dieu m'en garde !

CLÉONTE. – Ne viens point m'excuser l'action de cette infidèle.

COVIELLE. – N'ayez pas peur.

CLÉONTE. – Non, vois-tu, tous tes discours pour la défendre ne serviront de rien.

COVIELLE. – Qui songe à cela ?

CLÉONTE. – Je veux contre elle conserver mon ressentiment, et rompre ensemble tout commerce[1].

COVIELLE. – J'y consens[2].

CLÉONTE. – Ce monsieur le comte qui va chez elle lui donne peut-être dans la vue[3] ; et son esprit, je le vois bien, se laisse éblouir à la qualité[4]. Mais il me faut, pour mon honneur, prévenir l'éclat[5] de son inconstance. Je veux faire autant de pas qu'elle au changement où je la vois courir, et ne lui laisser pas toute la gloire de me quitter.

COVIELLE. – C'est fort bien dit, et j'entre pour mon compte dans tous vos sentiments.

CLÉONTE. – Donne la main[6] à mon dépit[7], et soutiens ma résolution contre tous les restes d'amour qui me pourraient parler pour elle. Dis-m'en, je t'en conjure, tout le mal que tu pourras ; fais-moi de sa personne une peinture qui me la rende méprisable ; et marque-moi bien, pour m'en dégoûter, tous les défauts que tu peux voir en elle.

---

1. *Tout commerce* : toute relation.
2. *J'y consens* : je suis d'accord.
3. *Lui donne […] dans la vue* : l'éblouit.
4. *À la qualité* : par le titre de noblesse.
5. *Prévenir l'éclat* : éviter le scandale.
6. *Donne la main* : aide, porte secours.
7. *À mon dépit* : à mon chagrin mêlé de colère.

COVIELLE. – Elle, monsieur! voilà une belle mijaurée[1] une pimpesouée[2] bien bâtie, pour vous donner tant d'amour! Je ne lui vois rien que de très médiocre, et vous trouverez cent personnes qui seront plus dignes de vous. Premièrement, elle a les yeux petits.

CLÉONTE. – Cela est vrai, elle a les yeux petits; mais elle les a pleins de feux, les plus brillants, les plus perçants du monde, les plus touchants qu'on puisse voir.

COVIELLE. – Elle a la bouche grande.

CLÉONTE. – Oui; mais on y voit des grâces qu'on ne voit point aux autres bouches; et cette bouche, en la voyant, inspire des désirs, est la plus attrayante, la plus amoureuse du monde.

COVIELLE. – Pour sa taille, elle n'est pas grande.

CLÉONTE. – Non; mais elle est aisée et bien prise.

COVIELLE. – Elle affecte une nonchalance[3] dans son parler, et dans ses actions.

CLÉONTE. – Il est vrai; mais elle a grâce à tout cela, et ses manières sont engageantes, ont je ne sais quel charme à s'insinuer dans les cœurs.

COVIELLE. – Pour de l'esprit...

CLÉONTE. – Ah! elle en a, Covielle, du plus fin, du plus délicat.

COVIELLE. – Sa conversation...

CLÉONTE. – Sa conversation est charmante.

COVIELLE. – Elle est toujours sérieuse.

---

1. *Mijaurée* : femme au comportement ridicule (terme injurieux).
2. *Pimpesouée* : femme qui fait la délicate (terme familier).
3. *Nonchalance* : mollesse, abandon.

CLÉONTE. – Veux-tu de ces enjouements[1] épanouis, de ces joies toujours ouvertes? et vois-tu rien de plus impertinent[2] que des femmes qui rient à tout propos?

COVIELLE. – Mais enfin elle est capricieuse autant que personne du monde.

CLÉONTE. – Oui, elle est capricieuse, j'en demeure d'accord; mais tout sied bien[3] aux belles, on souffre[4] tout des belles.

COVIELLE. – Puisque cela va comme cela, je vois bien que vous avez envie de l'aimer toujours.

CLÉONTE. – Moi, j'aimerais mieux mourir; et je vais la haïr autant que je l'ai aimée.

COVIELLE. – Le moyen[5], si vous la trouvez si parfaite?

CLÉONTE. – C'est en quoi ma vengeance sera plus éclatante, en quoi je veux faire mieux voir la force de mon cœur, à la haïr, à la quitter, toute belle, toute pleine d'attraits, toute aimable que je la trouve. La voici.

Scène 10

CLÉONTE, LUCILE, COVIELLE, NICOLE

NICOLE. – Pour moi, j'en ai été toute scandalisée.

LUCILE. – Ce ne peut être, Nicole, que ce que je te dis. Mais le voilà.

---

1. *Enjouements* : gaietés.
2. *Impertinent* : ici, déplacé.
3. *Sied bien* : va bien.
4. *Souffre* : supporte.
5. *Le moyen* : comment faire.

CLÉONTE. – Je ne veux pas seulement lui parler.

COVIELLE. – Je veux vous imiter.

610 LUCILE. – Qu'est-ce donc, Cléonte ? qu'avez-vous ?

NICOLE. – Qu'as-tu donc, Covielle ?

LUCILE. – Quel chagrin vous possède ?

NICOLE. – Quelle mauvaise humeur te tient ?

LUCILE. – Êtes-vous muet, Cléonte ?

615 NICOLE. – As-tu perdu la parole, Covielle ?

CLÉONTE. – Que voilà qui est scélérat !

COVIELLE. – Que cela est Judas[1] !

LUCILE. – Je vois bien que la rencontre de tantôt a troublé votre esprit.

620 CLÉONTE. – Ah ! ah ! on voit ce qu'on a fait.

NICOLE. – Notre accueil de ce matin t'a fait prendre la chèvre[2].

COVIELLE. – On a deviné l'enclouure[3].

LUCILE. – N'est-il pas vrai, Cléonte, que c'est là le sujet de
625 votre dépit ?

CLÉONTE. – Oui, perfide[4], ce l'est, puisqu'il faut parler ; et j'ai à vous dire que vous ne triompherez pas comme vous pensez de votre infidélité, que je veux être le premier à rompre avec vous, et que vous n'aurez pas l'avantage
630 de me chasser. J'aurai de la peine, sans doute, à vaincre l'amour que j'ai pour vous, cela me causera des chagrins, je souffrirai un temps ; mais j'en viendrai à bout, et je me percerai plutôt le cœur, que d'avoir la faiblesse de retourner à vous.

---

1. *Judas* : traître.
2. *Prendre la chèvre* : te mettre en colère pour rien.
3. *L'enclouure* : le point sensible ; au sens propre, la blessure faite au cheval par un clou pour fixer son sabot.
4. *Perfide* : traîtresse.

COVIELLE. – Queussi, queumi[1].

LUCILE. – Voilà bien du bruit pour un rien. Je veux vous dire, Cléonte, le sujet qui m'a fait ce matin éviter votre abord.

CLÉONTE. – Non, je ne veux rien écouter.

NICOLE. – Je te veux apprendre la cause qui nous a fait passer si vite.

COVIELLE. – Je ne veux rien entendre.

LUCILE. – Sachez que ce matin…

CLÉONTE. – Non, vous dis-je.

NICOLE. – Apprends que…

COVIELLE. – Non, traîtresse.

LUCILE. – Écoutez.

CLÉONTE. – Point d'affaire.

NICOLE. – Laisse-moi dire.

COVIELLE. – Je suis sourd.

LUCILE. – Cléonte.

CLÉONTE. – Non.

NICOLE. – Covielle.

COVIELLE. – Point.

LUCILE. – Arrêtez.

CLÉONTE. – Chansons.

NICOLE. – Entends-moi.

COVIELLE. – Bagatelle[2].

LUCILE. – Un moment.

CLÉONTE. – Point du tout.

NICOLE. – Un peu de patience.

---

1. *Queussi, queumi* : ce sera pour lui comme pour moi (expression picarde).
2. *Bagatelle* : ici, propos sans importance.

COVIELLE. – Tarare[1].
LUCILE. – Deux paroles.
CLÉONTE. – Non, c'en est fait[2].
NICOLE. – Un mot.
COVIELLE. – Plus de commerce[3].
LUCILE. – Hé bien ! puisque vous ne voulez pas m'écouter, demeurez dans votre pensée, et faites ce qu'il vous plaira.
NICOLE. – Puisque tu fais comme cela, prends-le tout comme tu voudras.
CLÉONTE. – Sachons donc le sujet d'un si bel accueil.
LUCILE. – Il ne me plaît plus de le dire.
COVIELLE. – Apprends-nous un peu cette histoire.
NICOLE. – Je ne veux plus, moi, te l'apprendre.
CLÉONTE. – Dites-moi…
LUCILE. – Non, je ne veux rien dire.
COVIELLE. – Conte-moi…
NICOLE. – Non, je ne conte rien.
CLÉONTE. – De grâce.
LUCILE. – Non, vous dis-je.
COVIELLE. – Par charité.
NICOLE. – Point d'affaire.
CLÉONTE. – Je vous en prie.
LUCILE. – Laissez-moi.
COVIELLE. – Je t'en conjure.
NICOLE. – Ôte-toi de là.
CLÉONTE. – Lucile.

---

1. *Tarare* : taratata (interjection familière pour marquer qu'on ne croit pas ce qu'on nous dit ou qu'on s'en moque).
2. *C'en est fait* : c'est fini.
3. *Plus de commerce* : ne nous parlons plus.

LUCILE. – Non.
COVIELLE. – Nicole.
NICOLE. – Point.
CLÉONTE. – Au nom des Dieux !
LUCILE. – Je ne veux pas.
COVIELLE. – Parle-moi.
NICOLE. – Point du tout.
CLÉONTE. – Éclaircissez mes doutes.
LUCILE. – Non, je n'en ferai rien.
COVIELLE. – Guéris-moi l'esprit.
NICOLE. – Non, il ne me plaît pas.
CLÉONTE. – Hé bien ! puisque vous vous souciez si peu de me tirer de peine, et de vous justifier du traitement indigne que vous avez fait à ma flamme[1], vous me voyez, ingrate, pour la dernière fois, et je vais loin de vous mourir de douleur et d'amour.
COVIELLE. – Et moi, je vais suivre ses pas.
LUCILE. – Cléonte.
NICOLE. – Covielle.
CLÉONTE. – Eh ?
COVIELLE. – Plaît-il ?
LUCILE. – Où allez-vous ?
CLÉONTE. – Où je vous ai dit.
COVIELLE. – Nous allons mourir.
LUCILE. – Vous allez mourir, Cléonte ?
CLÉONTE. – Oui, cruelle, puisque vous le voulez.
LUCILE. – Moi, je veux que vous mouriez ?
CLÉONTE. – Oui, vous le voulez.
LUCILE. – Qui vous le dit ?

---

1. *Flamme* : amour.

CLÉONTE. – N'est-ce pas le vouloir, que de ne vouloir pas éclaircir mes soupçons !

720 LUCILE. – Est-ce ma faute ? et si vous aviez voulu m'écouter, ne vous aurais-je pas dit que l'aventure dont vous vous plaignez a été causée ce matin par la présence d'une vieille tante, qui veut à toute force que la seule approche d'un homme déshonore une fille, qui perpétuellement
725 nous sermonne sur ce chapitre[1], et nous figure[2] tous les hommes comme des diables qu'il faut fuir.

NICOLE. – Voilà le secret de l'affaire.

CLÉONTE. – Ne me trompez-vous point, Lucile ?

COVIELLE. – Ne m'en donnes-tu point à garder[3] ?

730 LUCILE. – Il n'est rien de plus vrai.

NICOLE. – C'est la chose comme elle est.

COVIELLE. – Nous rendrons-nous à cela ?

CLÉONTE. – Ah ! Lucile, qu'avec un mot de votre bouche vous savez apaiser de choses dans mon cœur ! et que
735 facilement on se laisse persuader aux personnes[4] qu'on aime !

COVIELLE. – Qu'on est aisément amadoué par ces diantres d'animaux-là !

---

1. *Nous sermonne sur ce chapitre* : nous fait des leçons de morale sur ce sujet.
2. *Figure* : décrit.
3. *Ne m'en donnes-tu point à garder ?* : ne me racontes-tu pas de mensonges ?
4. *Aux personnes* : par les personnes.

Scène 11

MME JOURDAIN, CLÉONTE, LUCILE,
COVIELLE, NICOLE

MME. JOURDAIN. – Je suis bien aise de vous voir, Cléonte, et
vous voilà tout à propos. Mon mari vient ; prenez vite
votre temps[1] pour lui demander Lucile en mariage.
CLÉONTE. – Ah ! madame, que cette parole m'est douce, et
qu'elle flatte mes désirs ! Pouvais-je recevoir un ordre
plus charmant ? une faveur plus précieuse ?

Scène 12

M. JOURDAIN, MME JOURDAIN, CLÉONTE,
LUCILE, COVIELLE, NICOLE

CLÉONTE. – Monsieur, je n'ai voulu prendre personne pour
vous faire une demande que je médite il y a longtemps[2].
Elle me touche assez pour m'en charger moi-même ;
et, sans autre détour, je vous dirai que l'honneur d'être
votre gendre est une faveur glorieuse que je vous prie de
m'accorder.
M. JOURDAIN. – Avant que de vous rendre réponse, monsieur,
je vous prie de me dire si vous êtes gentilhomme.

---

1. *Prenez* […] *votre temps* : saisissez l'occasion.
2. *Il y a longtemps* : depuis longtemps.

CLÉONTE. – Monsieur, la plupart des gens sur cette question n'hésitent pas beaucoup. On tranche le mot[1] aisément. Ce nom ne fait aucun scrupule à prendre, et l'usage aujourd'hui semble en autoriser le vol. Pour moi, je vous l'avoue, j'ai les sentiments sur cette matière un peu plus délicats : je trouve que toute imposture est indigne d'un honnête homme, et qu'il y a de la lâcheté à déguiser ce que le Ciel nous a fait naître, à se parer aux yeux du monde d'un titre dérobé, à se vouloir donner pour ce qu'on n'est pas. Je suis né de parents, sans doute, qui ont tenu des charges[2] honorables. Je me suis acquis dans les armes l'honneur de six ans de services, et je me trouve assez de bien pour tenir dans le monde un rang assez passable. Mais, avec tout cela, je ne veux point me donner un nom où d'autres en ma place croiraient pouvoir prétendre, et je vous dirai franchement que je ne suis point gentilhomme.

M. JOURDAIN. – Touchez là[3], monsieur : ma fille n'est pas pour vous.

CLÉONTE. – Comment ?

M. JOURDAIN. – Vous n'êtes point gentilhomme, vous n'aurez pas ma fille.

MME JOURDAIN. – Que voulez-vous donc dire avec votre gentilhomme ? Est-ce que nous sommes, nous autres, de la côte de saint Louis[4] ?

M. JOURDAIN. – Taisez-vous, ma femme : je vous vois venir.

---

1. *On tranche le mot* : on règle la question.
2. *Charges* : fonctions.
3. *Touchez là* : touchez-moi la main – normalement, en signe d'accord.
4. *De la côte de saint Louis* : d'une noblesse ancienne.

Mme Jourdain. – Descendons-nous tous deux que de bonne bourgeoisie[1] ?

M. Jourdain. – Voilà pas le coup de langue[2] ?

Mme Jourdain. – Et votre père n'était-il pas marchand aussi bien que le mien ?

M. Jourdain. – Peste soit de la femme ! Elle n'y a jamais manqué. Si votre père a été marchand, tant pis pour lui ; mais pour le mien, ce sont des malavisés[3] qui disent cela. Tout ce que j'ai à vous dire, moi, c'est que je veux avoir un gendre gentilhomme.

Mme Jourdain. – Il faut à votre fille un mari qui lui soit propre[4], et il vaut mieux pour elle un honnête homme riche et bien fait qu'un gentilhomme gueux[5] et mal bâti.

Nicole. – Cela est vrai. Nous avons le fils du gentilhomme de notre village, qui est le plus grand malitorne[6] et le plus sot dadais que j'aie jamais vu.

M. Jourdain. – Taisez-vous, impertinente. Vous vous fourrez toujours dans la conversation. J'ai du bien assez pour ma fille, je n'ai besoin que d'honneur, et je la veux faire marquise.

Mme Jourdain. – Marquise ?

M. Jourdain. – Oui, marquise.

Mme Jourdain. – Hélas ! Dieu m'en garde !

M. Jourdain. – C'est une chose que j'ai résolue.

---

1. *Que de bonne bourgeoisie* : d'autre chose que d'une famille bourgeoise aisée.
2. *Voilà pas le coup de langue ?* : ne voilà-t-il pas une médisance ?
3. *Malavisés* : personnes mal informées.
4. *Qui lui soit propre* : qui lui convienne.
5. *Gueux* : pauvre, réduit à la mendicité.
6. *Malitorne* : maladroit.

MME JOURDAIN. – C'est une chose, moi, où je ne consentirai point. Les alliances avec plus grand que soi sont sujettes toujours à de fâcheux inconvénients. Je ne veux point qu'un gendre puisse à ma fille reprocher ses parents, et qu'elle ait des enfants qui aient honte de m'appeler leur grand-maman. S'il fallait qu'elle me vînt visiter en équipage de grande-dame[1], et qu'elle manquât par mégarde à saluer quelqu'un du quartier, on ne manquerait pas aussitôt de dire cent sottises. «Voyez-vous, dirait-on, cette madame la marquise qui fait tant la glorieuse[2]? C'est la fille de M. Jourdain, qui était trop heureuse, étant petite, de jouer à la madame avec nous. Elle n'a pas toujours été si relevée[3] que la voilà, et ses deux grands-pères vendaient du drap auprès de la porte Saint-Innocent[4]. Ils ont amassé du bien à leurs enfants, qu'ils payent maintenant peut-être bien cher en l'autre monde, et l'on ne devient guère si riches à être honnêtes gens[5].» Je ne veux point tous ces caquets[6], et je veux un homme, en un mot, qui m'ait obligation de ma fille[7], et à qui je puisse dire : «Mettez-vous là, mon gendre, et dînez avec moi.»

---

1. *En équipage de grande-dame* : avec la voiture, les valets et les vêtements d'une femme de haute noblesse.
2. *La glorieuse* : la fière, la prétentieuse.
3. *Relevée* : hautaine.
4. *La porte Saint-Innocent* : la porte du cimetière des Saints-Innocents, à Paris, lieu marchand très fréquenté (aujourd'hui le quartier des Halles).
5. *À être honnêtes gens* : en restant honnête.
6. *Caquets* : bavardages, commérages.
7. *Qui m'ait obligation de ma fille* : qui me soit reconnaissant de lui avoir donné ma fille en mariage.

M. Jourdain. – Voilà bien les sentiments d'un petit esprit, de vouloir demeurer toujours dans la bassesse. Ne me répliquez pas davantage : ma fille sera marquise en dépit de tout le monde ; et si vous me mettez en colère, je la ferai duchesse.

Mme Jourdain. – Cléonte, ne perdez point courage encore. Suivez-moi, ma fille, et venez dire résolument à votre père que si vous ne l'avez, vous ne voulez épouser personne.

Scène 13

Cléonte, Covielle

Covielle. – Vous avez fait de belles affaires avec vos beaux sentiments.

Cléonte. – Que veux-tu ? J'ai un scrupule là-dessus, que l'exemple[1] ne saurait vaincre.

Covielle. – Vous moquez-vous, de le prendre sérieusement avec un homme comme cela ? Ne voyez-vous pas qu'il est fou ? et vous coûtait-il quelque chose de vous accommoder à ses chimères[2] ?

Cléonte. – Tu as raison ; mais je ne croyais pas qu'il fallût faire ses preuves de noblesse pour être gendre de M. Jourdain.

Covielle. – Ah ! ah ! ah !

Cléonte. – De quoi ris-tu ?

---

1. L'exemple que donnent les autres (ceux qui prétendent être nobles alors qu'ils ne le sont pas).
2. *Chimères* : idées folles.

845 COVIELLE. – D'une pensée qui me vient pour jouer[1] notre homme, et vous faire obtenir ce que vous souhaitez.

CLÉONTE. – Comment ?

COVIELLE. – L'idée est tout à fait plaisante.

CLÉONTE. – Quoi donc ?

850 COVIELLE. – Il s'est fait depuis peu une certaine mascarade[2] qui vient[3] le mieux du monde ici, et que je prétends faire entrer dans une bourle[4] que je veux faire à notre ridicule. Tout cela sent un peu sa comédie ; mais avec lui on peut hasarder toute chose, il n'y faut point chercher tant de
855 façons, il est homme à y jouer son rôle à merveille, et à donner aisément dans toutes les fariboles[5] qu'on s'avisera de lui dire. J'ai les acteurs, j'ai les habits tout prêts : laissez-moi faire seulement.

CLÉONTE. – Mais apprends-moi…

860 COVIELLE. – Je vais vous instruire de tout. Retirons-nous, le voilà qui revient.

Scène 14

M. JOURDAIN, LAQUAIS

M. JOURDAIN. – Que diable est-ce là ! Ils n'ont rien que les grands seigneurs à me reprocher[6] ; et moi, je ne vois rien

---

1. Jouer : tromper.
2. Mascarade : comédie où l'on se déguise.
3. Vient : convient.
4. Bourle : farce, tromperie.
5. Fariboles : fables, mensonges.
6. Ils n'ont rien que les grands seigneurs à me reprocher : ils ne font que me reprocher la fréquentation des grands seigneurs.

de si beau que de hanter[1] les grands seigneurs : il n'y a qu'honneur et que civilité[2] avec eux, et je voudrais qu'il m'eût coûté deux doigts de la main, et être né comte ou marquis.

LAQUAIS. – Monsieur, voici monsieur le comte, et une dame qu'il mène par la main.

M. JOURDAIN. – Hé mon Dieu ! j'ai quelques ordres à donner. Dis-leur que je vais venir ici tout à l'heure.

Scène 15

DORIMÈNE, DORANTE, LAQUAIS

LAQUAIS. – Monsieur dit comme cela qu'il va venir ici tout à l'heure.

DORANTE. – Voilà qui est bien.

DORIMÈNE. – Je ne sais pas, Dorante, je fais encore ici une étrange démarche, de me laisser amener par vous dans une maison où je ne connais personne.

DORANTE. – Quel lieu voulez-vous donc, madame, que mon amour choisisse pour vous régaler[3], puisque, pour fuir l'éclat[4], vous ne voulez ni votre maison, ni la mienne ?

DORIMÈNE. – Mais vous ne dites pas que je m'engage insensiblement, chaque jour, à recevoir de trop grands témoignages de votre passion ? J'ai beau me défendre des

---

1. *Hanter* : fréquenter.
2. *Civilité* : politesse.
3. *Régaler* : offrir un «régale», un divertissement.
4. *Pour fuir l'éclat* : pour éviter le scandale.

choses, vous fatiguez ma résistance, et vous avez une civile opiniâtreté[1] qui me fait venir doucement à tout ce qu'il vous plaît. Les visites fréquentes ont commencé ; les déclarations sont venues ensuite, qui après elles ont traîné les sérénades et les cadeaux, que les présents ont suivis. Je me suis opposée à tout cela, mais vous ne vous rebutez point, et, pied à pied[2], vous gagnez mes résolutions[3]. Pour moi, je ne puis plus répondre de rien, et je crois qu'à la fin vous me ferez venir au mariage, dont je me suis tant éloignée.

DORANTE. – Ma foi ! madame, vous y devriez déjà être. Vous êtes veuve, et ne dépendez que de vous. Je suis maître de moi, et vous aime plus que ma vie. À quoi tient-il que dès aujourd'hui vous ne fassiez tout mon bonheur ?

DORIMÈNE. – Mon Dieu ! Dorante, il faut des deux parts bien des qualités pour vivre heureusement ensemble ; et les deux plus raisonnables personnes du monde ont souvent peine à composer une union dont ils soient satisfaits.

DORANTE. – Vous vous moquez, madame, de vous y figurer tant de difficultés ; et l'expérience que vous avez faite ne conclut rien pour tous les autres.

DORIMÈNE. – Enfin j'en reviens toujours là : les dépenses que je vous vois faire pour moi m'inquiètent par deux raisons : l'une, qu'elles m'engagent plus que je ne voudrais ; et l'autre, que je suis sûre, sans vous déplaire, que vous ne les faites point que vous ne vous incommodiez[4] ; et je ne veux point cela.

---

1. *Civile opiniâtreté* : aimable obstination.
2. *Pied à pied* : petit à petit.
3. *Vous gagnez mes résolutions* : vous me faites changer d'avis.
4. *Que vous ne vous incommodiez* : sans vous ruiner.

DORANTE. – Ah! madame, ce sont des bagatelles; et ce n'est pas par là...
DORIMÈNE. – Je sais ce que je dis; et, entre autres, le diamant que vous m'avez forcée à prendre est d'un prix...
915 DORANTE. – Eh! madame, de grâce, ne faites point tant valoir une chose que mon amour trouve indigne de vous; et souffrez... Voici le maître du logis.

Scène 16

M. JOURDAIN, DORIMÈNE, DORANTE, LAQUAIS

M. JOURDAIN, *après avoir fait deux révérences, se trouvant trop près de Dorimène.* – Un peu plus loin, madame.
920 DORIMÈNE. – Comment?
M. JOURDAIN. – Un pas, s'il vous plaît.
DORIMÈNE. – Quoi donc?
M. JOURDAIN. – Reculez un peu, pour la troisième.
DORANTE. – Madame, M. Jourdain sait son monde[1].
925 M. JOURDAIN. – Madame, ce m'est une gloire bien grande de me voir assez fortuné pour être si heureux que d'avoir le bonheur que vous ayez eu la bonté de m'accorder la grâce de me faire l'honneur de m'honorer de la faveur de votre présence; et si j'avais aussi le mérite pour mériter
930 un mérite comme le vôtre, et que le Ciel... envieux de mon bien... m'eût accordé... l'avantage de me voir digne... des...

---

1. *Sait son monde* : sait se comporter en société.

DORANTE. – Monsieur Jourdain, en voilà assez : madame n'aime pas les grands compliments, et elle sait que vous êtes homme d'esprit. *(Bas, à Dorimène.)* C'est un bon bourgeois assez ridicule, comme vous voyez, dans toutes ses manières.

DORIMÈNE. – Il n'est pas malaisé de s'en apercevoir.

DORANTE. – Madame, voilà le meilleur de mes amis.

M. JOURDAIN. – C'est trop d'honneur que vous me faites.

DORANTE. – Galant homme tout à fait.

DORIMÈNE. – J'ai beaucoup d'estime pour lui.

M. JOURDAIN. – Je n'ai rien fait encore, madame, pour mériter cette grâce.

DORANTE, *bas, à M. Jourdain*. – Prenez bien garde au moins à ne lui point parler du diamant que vous lui avez donné.

M. JOURDAIN. – Ne pourrais-je pas seulement lui demander comment elle le trouve ?

DORANTE. – Comment ? gardez-vous-en bien : cela serait vilain[1] à vous ; et pour agir en galant homme, il faut que vous fassiez comme si ce n'était pas vous qui lui eussiez fait ce présent. M. Jourdain, madame, dit qu'il est ravi de vous voir chez lui.

DORIMÈNE. – Il m'honore beaucoup.

M. JOURDAIN. – Que je vous suis obligé, monsieur, de lui parler ainsi pour moi !

DORANTE. – J'ai eu une peine effroyable à la faire venir ici.

M. JOURDAIN. – Je ne sais quelles grâces vous en rendre.

DORANTE. – Il dit, madame, qu'il vous trouve la plus belle personne du monde.

DORIMÈNE. – C'est bien de la grâce qu'il me fait.

---

1. *Vilain* : digne d'un paysan, vulgaire.

M. Jourdain. – Madame, c'est vous qui faites les grâces[1] ; et...
Dorante. – Songeons à manger.
Laquais. – Tout est prêt, monsieur.
Dorante. – Allons donc nous mettre à table, et qu'on fasse venir les musiciens.

Six cuisiniers, qui ont préparé le festin, dansent ensemble, et font le troisième intermède ; après quoi, ils apportent une table couverte de plusieurs mets.

---

[1]. Emploi fautif du pluriel qui rend la déclaration de M. Jourdain maladroite.

Acte IV

Scène première

DORANTE, DORIMÈNE, M. JOURDAIN,
DEUX MUSICIENS, UNE MUSICIENNE, LAQUAIS

DORIMÈNE. – Comment, Dorante ? voilà un repas tout à fait magnifique !

M. JOURDAIN. – Vous vous moquez, madame, et je voudrais qu'il fût plus digne de vous être offert.

Tous se mettent à table.

DORANTE. – M. Jourdain a raison, madame, de parler de la sorte, et il m'oblige[1] de vous faire si bien les honneurs de chez lui. Je demeure d'accord avec lui que le repas n'est pas digne de vous. Comme c'est moi qui l'ai ordonné, et que je n'ai pas sur cette matière les lumières de nos amis, vous n'avez pas ici un repas fort savant, et vous y trouverez des incongruités[2] de bonne chère[3], et des barbarismes[4] de bon goût. Si Damis s'en était mêlé, tout serait dans les règles ; il y aurait partout de l'élégance et

---

1. *M'oblige* : me fait plaisir.
2. *Incongruités* : fautes (normalement, de grammaire, ici de goût).
3. *De bonne chère* : concernant la nourriture.
4. *Barbarismes* : fautes (normalement, de langue).

15   de l'érudition, et il ne manquerait pas de vous exagérer[1] lui-même toutes les pièces du repas qu'il vous donnerait, et de vous faire tomber d'accord de sa haute capacité dans la science des bons morceaux, de vous parler d'un pain de rive, à biseau doré[2], relevé de croûte partout,
20   croquant tendrement sous la dent ; d'un vin à sève veloutée, armé d'un vert qui n'est point trop commandant[3] ; d'un carré de mouton gourmandé[4] de persil ; d'une longe[5] de veau de rivière[6], longue comme cela, blanche, délicate, et qui sous les dents est une vraie pâte
25   d'amande ; de perdrix relevées d'un fumet surprenant ; et pour son opéra[7], d'une soupe à bouillon perlé[8], soutenue d'un jeune gros dindon cantonné[9] de pigeonneaux, et couronnée d'oignons blancs, mariés avec la chicorée. Mais pour moi, je vous avoue mon ignorance ; et comme
30   M. Jourdain a fort bien dit, je voudrais que le repas fût plus digne de vous être offert.

DORIMÈNE. – Je ne réponds à ce compliment qu'en mangeant comme je fais.

M. JOURDAIN. – Ah ! que voilà de belles mains !

---

1. *Exagérer* : louer.
2. *Pain de rive à biseau doré* : pain cuit sur le bord (ou *rive*) du four, à la tranche dorée.
3. *D'un vin à sève veloutée, armé d'un vert qui n'est point trop commandant* : termes techniques, qui désignent la force et l'acidité du vin – l'acidité du vin proposé par Dorante n'est pas trop marquée.
4. *Gourmandé* : assaisonné.
5. *Longe* : partie comprise entre le bas de l'épaule et la queue.
6. *Veau de rivière* : veau à viande grasse, élevé dans les prairies qui bordent les rivières.
7. *Opéra* : chef-d'œuvre.
8. *Bouillon perlé* : bouillon de viande.
9. *Cantonné* : accompagné.

35 DORIMÈNE. – Les mains sont médiocres, M. Jourdain ; mais vous voulez parler du diamant, qui est fort beau.

M. JOURDAIN. – Moi, madame ! Dieu me garde d'en vouloir parler ; ce ne serait pas agir en galant homme, et le diamant est fort peu de chose.

40 DORIMÈNE. – Vous êtes bien dégoûté[1].

M. JOURDAIN. – Vous avez trop de bonté...

DORANTE. – Allons, qu'on donne du vin à M. Jourdain, et à ces messieurs, qui nous feront la grâce de nous chanter un air à boire.

45 DORIMÈNE. – C'est merveilleusement assaisonner la bonne chère, que d'y mêler la musique, et je me vois ici admirablement régalée[2].

M. JOURDAIN. – Madame, ce n'est pas...

DORANTE. – M. Jourdain, prêtons silence à ces messieurs ;
50 ce qu'ils nous diront vaudra mieux que tout ce que nous pourrions dire.

Les musiciens et la musicienne prennent des verres, chantent deux chansons à boire, et sont soutenus de toute la symphonie.

Première chanson à boire

Un petit doigt, Philis, pour commencer le tour[3].
55 *Ah ! qu'un verre en vos mains a d'agréables charmes !*
Vous et le vin, vous vous prêtez des armes,
Et je sens pour tous deux redoubler mon amour :
Entre lui, vous et moi, jurons, jurons, ma belle,
  Une ardeur éternelle.

---

1. *Dégoûté* : difficile.
2. *Régalée* : reçue.
3. *Le tour* : la tournée.

60 *Qu'en mouillant votre bouche il en reçoit d'attraits,*
Et que l'on voit par lui votre bouche embellie !
Ah ! l'un de l'autre ils me donnent envie,
Et de vous et de lui je m'enivre à longs traits :
Entre lui, vous et moi, jurons, jurons, ma belle,
65   *Une ardeur éternelle.*

Seconde chanson à boire

    Buvons, chers amis, buvons :
Le temps qui fuit nous y convie ;
    Profitons de la vie
    Autant que nous pouvons.
70   *Quand on a passé l'onde noire[1],*
Adieu le bon vin, nos amours ;
    Dépêchons-nous de boire,
    On ne boit pas toujours.

    Laissons raisonner les sots
75 *Sur le vrai bonheur de la vie ;*
    Notre philosophie
    Le met parmi les pots.
Les biens, le savoir et la gloire
N'ôtent point les soucis fâcheux,
80   *Et ce n'est qu'à bien boire*
    Que l'on peut être heureux.

---

1. ***Quand on a passé l'onde noire*** : quand on est mort – « l'onde noire » est le fleuve des Enfers dans la mythologie gréco-romaine.

Sus, sus[1], *du vin partout, versez, garçons, versez,*
Versez, versez toujours, tant qu'on vous dise[2] *assez.*

DORIMÈNE. – Je ne crois pas qu'on puisse mieux chanter, et cela est tout à fait beau.

M. JOURDAIN. – Je vois encore ici, madame, quelque chose de plus beau.

DORIMÈNE. – Ouais! M. Jourdain est galant plus que je ne pensais.

DORANTE. – Comment? madame, pour qui prenez-vous M. Jourdain?

M. JOURDAIN. – Je voudrais bien qu'elle me prît pour ce que je dirais.

DORIMÈNE. – Encore!

DORANTE. – Vous ne le connaissez pas.

M. JOURDAIN. – Elle me connaîtra quand il lui plaira.

DORIMÈNE. – Oh! Je le quitte[3].

DORANTE. – Il est homme qui a toujours la riposte[4] en main. Mais vous ne voyez pas que M. Jourdain, madame, mange tous les morceaux que vous touchez.

DORIMÈNE. – M. Jourdain est un homme qui me ravit.

M. JOURDAIN. – Si je pouvais ravir votre cœur, je serais…

---

1. *Sus* : allons!
2. *Tant qu'on vous dise* : jusqu'à ce qu'on vous dise.
3. *Je le quitte* : j'y renonce.
4. *Riposte* : repartie.

Scène 2

MME JOURDAIN, M. JOURDAIN, DORANTE,
DORIMÈNE, MUSICIENS, MUSICIENNES, LAQUAIS

MME JOURDAIN. – Ah, ah ! je trouve ici bonne compagnie, et je vois bien qu'on ne m'y attendait pas. C'est donc pour cette belle affaire-ci, monsieur mon mari, que vous avez eu tant d'empressement à m'envoyer dîner chez ma sœur ? Je viens de voir un théâtre[1] là-bas[2], et je vois ici un banquet à faire noces[3]. Voilà comme vous dépensez votre bien, et c'est ainsi que vous festinez les dames[4] en mon absence, et que vous leur donnez la musique et la comédie, tandis que vous m'envoyez promener ?

DORANTE. – Que voulez-vous dire, madame Jourdain ? et quelles fantaisies sont les vôtres, de vous aller mettre en tête que votre mari dépense son bien, et que c'est lui qui donne ce régale à madame ? Apprenez que c'est moi, je vous prie ; qu'il ne fait seulement que me prêter sa maison, et que vous devriez un peu mieux regarder aux choses que vous dites.

M. JOURDAIN. – Oui, impertinente, c'est monsieur le comte qui donne tout ceci à madame, qui est une personne de qualité. Il me fait l'honneur de prendre ma maison, et de vouloir que je sois avec lui.

---

1. *Un théâtre* : la scène que Covielle a montée pour la cérémonie turque à venir.
2. *Là-bas* : en bas.
3. *À faire noces* : digne d'un repas de noces.
4. *Festinez les dames* : offrez un festin aux dames.

MME JOURDAIN. – Ce sont des chansons que cela : je sais ce que je sais.

DORANTE. – Prenez, madame Jourdain, prenez de meilleures lunettes.

MME JOURDAIN. – Je n'ai que faire de lunettes, monsieur, et je vois assez clair ; il y a longtemps que je sens les choses, et je ne suis pas une bête. Cela est fort vilain à vous, pour un grand seigneur, de prêter la main comme vous faites aux sottises de mon mari. Et vous, madame, pour une grande dame, cela n'est ni beau ni honnête à vous, de mettre de la dissension[1] dans un ménage, et de souffrir[2] que mon mari soit amoureux de vous.

DORIMÈNE. – Que veut donc dire tout ceci ? Allez, Dorante, vous vous moquez, de m'exposer aux sottes visions[3] de cette extravagante.

DORANTE. – Madame, holà ! Madame, où courez-vous ?

M. JOURDAIN. – Madame ! monsieur le comte, faites-lui excuses, et tâchez de la ramener... Ah ! impertinente que vous êtes ! voilà de vos beaux faits ; vous me venez faire des affronts devant tout le monde, et vous chassez de chez moi des personnes de qualité.

MME JOURDAIN. – Je me moque de leur qualité.

M. JOURDAIN. – Je ne sais qui me tient, maudite, que je ne vous fende la tête[4] avec les pièces du repas que vous êtes venue troubler.

On ôte la table.

---

1. *Dissension* : dispute.
2. *Souffrir* : supporter, permettre.
3. *Visions* : idées folles.
4. *Qui me tient* [...] *que je ne vous fende la tête* : ce qui me retient de vous fendre la tête.

150 MME JOURDAIN, *sortant*. – Je me moque de cela. Ce sont mes droits que je défends, et j'aurai pour moi toutes les femmes.

M. JOURDAIN. – Vous faites bien d'éviter ma colère. Elle est arrivée là bien malheureusement. J'étais en humeur de
155 dire de jolies choses, et jamais je ne m'étais senti tant d'esprit. Qu'est-ce que c'est que cela ?

Scène 3

COVIELLE, *déguisé*, M. JOURDAIN, LAQUAIS

COVIELLE. – Monsieur, je ne sais pas si j'ai l'honneur d'être connu de vous.

M. JOURDAIN. – Non, monsieur.

160 COVIELLE. – Je vous ai vu que vous n'étiez pas plus grand que cela.

M. JOURDAIN. – Moi !

COVIELLE. – Oui, vous étiez le plus bel enfant du monde, et toutes les dames vous prenaient dans leurs bras pour
165 vous baiser.

M. JOURDAIN. – Pour me baiser !

COVIELLE. – Oui. J'étais grand ami de feu[1] monsieur votre père.

M. JOURDAIN. – De feu monsieur mon père !

170 COVIELLE. – Oui. C'était un fort honnête gentilhomme.

M. JOURDAIN. – Comment dites-vous ?

COVIELLE. – Je dis que c'était un fort honnête gentilhomme.

---

1. *Feu* : s'emploie pour parler d'une personne décédée.

M. JOURDAIN. – Mon père !
COVIELLE. – Oui.
175 M. JOURDAIN. – Vous l'avez fort connu ?
COVIELLE. – Assurément.
M. JOURDAIN. – Et vous l'avez connu pour[1] gentilhomme ?
COVIELLE. – Sans doute.
M. JOURDAIN. – Je ne sais donc pas comment le monde est
180 fait.
COVIELLE. – Comment ?
M. JOURDAIN. – Il y a de sottes gens qui me veulent dire qu'il a été marchand.
COVIELLE. – Lui marchand ! C'est pure médisance, il ne
185 l'a jamais été. Tout ce qu'il faisait, c'est qu'il était fort obligeant, fort officieux[2] ; et comme il se connaissait fort bien en étoffes, il en allait choisir de tous les côtés, les faisait apporter chez lui, et en donnait à ses amis pour de l'argent.
190 M. JOURDAIN. – Je suis ravi de vous connaître, afin que vous rendiez ce témoignage-là, que mon père était gentilhomme.
COVIELLE. – Je le soutiendrai[3] devant tout le monde.
M. JOURDAIN. – Vous m'obligerez[4]. Quel sujet vous amène ?
195 COVIELLE. – Depuis avoir connu feu monsieur votre père, honnête gentilhomme, comme je vous ai dit, j'ai voyagé par tout le monde[5].
M. JOURDAIN. – Par tout le monde !

---

1. *Pour* : comme étant.
2. *Obligeant* : attentionné, serviable. ***Officieux*** a le même sens.
3. *Je le soutiendrai* : je l'affirmerai.
4. *Vous m'obligerez* : vous me ferez plaisir.
5. *Par tout le monde* : dans tous les coins du monde.

COVIELLE. – Oui.
M. JOURDAIN. – Je pense qu'il y a bien loin en ce pays-là.
COVIELLE. – Assurément. Je ne suis revenu de tous mes longs voyages que depuis quatre jours ; et par l'intérêt que je prends à tout ce qui vous touche, je viens vous annoncer la meilleure nouvelle du monde.
M. JOURDAIN. – Quelle ?
COVIELLE. – Vous savez que le fils du Grand Turc[1] est ici ?
M. JOURDAIN. – Moi ? Non.
COVIELLE. – Comment ? il a un train[2] tout à fait magnifique ; tout le monde le va voir, et il a été reçu en ce pays comme un seigneur d'importance.
M. JOURDAIN. – Par ma foi ! je ne savais pas cela.
COVIELLE. – Ce qu'il y a d'avantageux pour vous, c'est qu'il est amoureux de votre fille.
M. JOURDAIN. – Le fils du Grand Turc ?
COVIELLE. – Oui ; et il veut être votre gendre.
M. JOURDAIN. – Mon gendre, le fils du Grand Turc !
COVIELLE. – Le fils du Grand Turc, votre gendre. Comme je le fus voir, et que j'entends[3] parfaitement sa langue, il s'entretint avec moi ; et, après quelques autres discours, il me dit : *Acciam croc soler ouch alla moustaph gidelum amanahem varahini oussere carbulath*[4], c'est-à-dire : « N'as-tu point vu une jeune belle personne, qui est la fille de M. Jourdain, gentilhomme parisien ? »
M. JOURDAIN. – Le fils du Grand Turc dit cela de moi ?

---

1. *Grand Turc* : souverain de l'Empire ottoman.
2. *Train* : suite de voitures, de chevaux et de domestiques qui accompagnent un grand seigneur.
3. *J'entends* : je comprends.
4. Tous les mots censés être en langue turque sont en réalité des inventions.

COVIELLE. – Oui. Comme je lui eus répondu que je vous connaissais particulièrement, et que j'avais vu votre fille : «*Ah !* me dit-il, *marababa sahem*», c'est-à-dire «Ah ! que je suis amoureux d'elle !»

M. JOURDAIN. – *Marababa sahem* veut dire «Ah ! que je suis amoureux d'elle»?

COVIELLE. – Oui.

M. JOURDAIN. – Par ma foi ! vous faites bien de me le dire, car pour moi je n'aurais jamais cru que *marababa sahem* eût voulu dire : «Ah ! que je suis amoureux d'elle !» Voilà une langue admirable que ce turc !

COVIELLE. – Plus admirable qu'on ne peut croire. Savez-vous bien ce que veut dire *cacaracamouchen*?

M. JOURDAIN. – *Cacaracamouchen*? Non.

COVIELLE. – C'est-à-dire : «Ma chère âme.»

M. JOURDAIN. – *Cacaracamouchen* veut dire «Ma chère âme»?

COVIELLE. – Oui.

M. JOURDAIN. – Voilà qui est merveilleux ! *Cacaracamouchen*, «Ma chère âme». Dirait-on jamais cela ? Voilà qui me confond[1].

COVIELLE. – Enfin, pour achever mon ambassade[2], il vient vous demander votre fille en mariage ; et pour avoir un beau-père qui soit digne de lui, il veut vous faire *Mamamouchi*[3] qui est une certaine grande dignité de son pays.

M. JOURDAIN. – *Mamamouchi*?

---

1. *Me confond* : me stupéfie.
2. *Ambassade* : ici, message.
3. *Mamamouchi* : mot inventé par Molière, peut-être à partir de l'arabe «*mà menou schi*», qui signifie «non bonne chose».

COVIELLE. – Oui, *Mamamouchi* ; c'est-à-dire, en notre langue, Paladin[1]. Paladin, ce sont de ces anciens… Paladin enfin. Il n'y a rien de plus noble que cela dans le monde, et vous irez de pair avec les plus grands seigneurs de la terre.

M. JOURDAIN. – Le fils du Grand Turc m'honore beaucoup, et je vous prie de me mener chez lui pour lui en faire mes remerciements.

COVIELLE. – Comment ? le voilà qui va venir ici.

M. JOURDAIN. – Il va venir ici ?

COVIELLE. – Oui ; et il amène toutes choses pour la cérémonie de votre dignité.

M. JOURDAIN. – Voilà qui est bien prompt.

COVIELLE. – Son amour ne peut souffrir aucun retardement[2].

M. JOURDAIN. – Tout ce qui m'embarrasse ici, c'est que ma fille est une opiniâtre[3], qui s'est allée mettre dans la tête un certain Cléonte, et elle jure de n'épouser personne que celui-là.

COVIELLE. – Elle changera de sentiment quand elle verra le fils du Grand Turc ; et puis il se rencontre ici une aventure merveilleuse, c'est que le fils du Grand Turc ressemble à ce Cléonte, à peu de chose près. Je viens de le voir, on me l'a montré ; et l'amour qu'elle a pour l'un pourra passer aisément à l'autre, et… Je l'entends venir ; le voilà.

---

1. *Paladin* : nom donné aux seigneurs de la cour de Charlemagne.
2. *Retardement* : retard.
3. *Opiniâtre* : têtue.

Scène 4

CLÉONTE, *en Turc, avec trois pages portant sa veste*[1],
M. JOURDAIN,
COVIELLE, *déguisé*.

CLÉONTE. – *Ambousahim oqui boraf, iordina, salamalequi*[2].

COVIELLE. – C'est-à-dire : «Monsieur Jourdain, votre cœur soit toute l'année comme un rosier fleuri!» Ce sont façons de parler obligeantes[3] de ces pays-là.

M. JOURDAIN. – Je suis très humble serviteur de Son Altesse turque.

COVIELLE. – *Carigar camboto oustin moraf.*

CLÉONTE. – *Oustin yoc catamalequi basum base alla moran.*

COVIELLE. – Il dit : «Que le Ciel vous donne la force des lions et la prudence des serpents!»

M. JOURDAIN. – Son Altesse turque m'honore trop, et je lui souhaite toutes sortes de prospérités.

COVIELLE. – *Ossa binamen sadoc babally oracaf ouram.*

CLÉONTE. – *Bel-men.*

COVIELLE. – Il dit que vous alliez vite avec lui vous préparer pour la cérémonie, afin de voir ensuite votre fille, et de conclure le mariage.

M. JOURDAIN. – Tant de choses en deux mots?

COVIELLE. – Oui, la langue turque est comme cela, elle dit beaucoup en peu de paroles. Allez vite où il souhaite.

---

1. Veste : sorte de longue robe qui se porte par-dessus des vêtements chez les Orientaux. Elle forme ici une sorte de traîne que portent les domestiques.
2. Les répliques sont un mélange d'arabe et de turc.
3. Façons de parler obligeantes : formules de politesse.

Scène 5

DORANTE, COVIELLE

COVIELLE. – Ha, ha, ha. Ma foi ! cela est tout à fait drôle. Quelle dupe ! Quand il aurait appris son rôle par cœur, il ne pourrait pas le mieux jouer. Ah ! ah ! je vous prie, monsieur, de nous vouloir aider céans, dans une affaire qui s'y passe.

DORANTE. – Ah, ah, Covielle, qui t'aurait reconnu ? Comme te voilà ajusté[1] !

COVIELLE. – Vous voyez. Ah, ah.

DORANTE. – De quoi ris-tu ?

COVIELLE. – D'une chose, monsieur, qui le mérite bien.

DORANTE. – Comment ?

COVIELLE. – Je vous le donnerais en bien des fois[2], monsieur, à deviner le stratagème[3] dont nous nous servons auprès de M. Jourdain, pour porter son esprit à donner sa fille à mon maître.

DORANTE. – Je ne devine point le stratagème ; mais je devine qu'il ne manquera pas de faire son effet, puisque tu l'entreprends.

COVIELLE. – Je sais, monsieur, que la bête vous est connue[4].

DORANTE. – Apprends-moi ce que c'est.

COVIELLE. – Prenez la peine de vous tirer[5] un peu plus loin, pour faire place à ce que j'aperçois venir. Vous pourrez

---

1. *Ajusté* : déguisé.
2. *Je vous le donnerais en bien des fois* : je vous parierais cher (terme de jeu, pour lancer un défi).
3. *Stratagème* : piège, ruse.
4. *La bête vous est connue* : vous me connaissez bien.
5. *De vous tirer* : de vous retirer.

voir une partie de l'histoire, tandis que je vous conterai le reste.

(La cérémonie turque pour ennoblir le Bourgeois se fait en danse et en musique, et compose le quatrième intermède.)

Le Mufti[1], *quatre Dervis*[2], *six Turcs dansants, six Turcs musiciens, et autres joueurs d'instruments à la turque*[3], *sont les acteurs de cette cérémonie.*

Le Mufti invoque Mahomet avec les douze Turcs et les quatre Dervis ; après on lui amène le Bourgeois, vêtu à la turque, sans turban et sans sabre, auquel il chante ces paroles :

Le Mufti

Se ti sabir[4],
*Ti respondir ;
Se non sabir,
Tazir, tazir.
Mi star Mufti :
Ti qui star ti ?
Non intendir :
Tazir, tazir*[5].

---

1. Mufti : religieux musulman, interprète de la loi ; dans les dictionnaires de l'époque de Molière, il est présenté comme le «chef de la religion mahométane».
2. Dervis : religieux musulmans.
3. Les ***instruments à la turque*** sont une grosse caisse, des cymbales et un triangle, d'après Charles Mazouer, *Molière et ses comédies-ballets*, *op. cit.*, p. 130.
4. «Sabir», c'est ainsi qu'on appelle le jargon mêlant arabe, français, espagnol et italien dont se sert le personnage.
5. On peut traduire ainsi le couplet : «Si toi savoir,/ Toi répondre/ Si pas savoir,/ Te taire, te taire./ Moi être Mufti :/ Toi, qui être, toi ?/ Toi pas comprendre :/ Te taire, te taire.»

335 *Le Mufti demande, en même langue, aux Turcs assistants de quelle religion est le Bourgeois, et ils l'assurent qu'il est mahométan. Le Mufti invoque Mahomet en langue franque, et chante les paroles qui suivent :*

LE MUFTI
Mahametta per Giourdina
340 *Mi pregar sera é mattina :*
Voler far un Paladina
Dé Giourdina, dé Giourdina.
Dar turbanta, é dar scarcina,
Con galéra é brigantina,
345 *Per deffender Palestina,*
Mahametta, etc.[1]

Le Mufti demande aux Turcs si le Bourgeois sera ferme dans la religion mahométane, et leur chante ces paroles :

LE MUFTI
Star bon Turca Giourdina[2] *?*

LES TURCS
350 *Hi valla*[3]*.*

LE MUFTI *danse et chante ces mots :*
Hu la ba ba la chou ba la ba ba la da.

Les Turcs répondent les mêmes vers.

---

1. « Mahomet, pour Jourdain/ Moi prier, soir et matin :/ Vouloir faire un Paladin/ De Jourdain, de Jourdain./ Donner turban, et donner sabre,/ Avec galère et brigantine [petit navire à deux mâts],/ Pour défendre Palestine,/ Mahomet, etc. »
2. « Est-il bon Turc Jourdain ? »
3. Déformation de *Inch'Allah*, « Je l'affirme par Dieu ».

Les vanités à travers les âges*

Avec le personnage de M. Jourdain, Molière fustige la vanité, caractéristique morale consistant ici à se parer de savoirs divers pour se faire valoir. Il entend corriger ce travers – le culte vain du paraître – par le rire. Dans l'histoire des arts, le mot « vanité » renvoie à un type de composition picturale dont le but est de souligner la frivolité des préoccupations de l'homme et la précarité de son existence.

◀ Holbein le jeune, *Les Ambassadeurs*, 1533, Londres, National Gallery. Dans cette célèbre vanité, les objets représentés symbolisent les activités humaines que sont la musique, l'étude ou encore le pouvoir. Mais ils sont accompagnés d'éléments évoquant la fragilité de la vie et l'inéluctable perspective de la mort. Au premier plan se trouve une forme étrange. Indéchiffrable si le tableau est vu de face, elle prend corps si on le regarde de côté : c'est une anamorphose rappelant au spectateur de la toile que tout finit par la mort...

◀ Pieter van Steenwyck, *Vanitas or Emblem of Death*, (« La vanité ou l'emblème de la mort »), 1650, Madrid (Espagne), musée du Prado.

* Voir dossier, p. 186.

▲ Picasso, *Nature morte aux oursins*, 1946, Paris, musée Picasso.
Cette toile de Picasso (1880-1973) est une nature morte, c'est-à-dire une composition reposant sur l'organisation d'éléments inanimés. Parmi eux, l'incontournable crâne des vanités symbolise la mort. L'atmosphère d'ensemble, construite sur l'alternance de teintes beiges, grises et noires, est empreinte de tristesse.

▲ Jean-Michel Alberola, *Rien*, 2011, Anvers, collection Sylvio Perlstein.
Dans cette œuvre, l'artiste Jean-Michel Alberola (né en 1953) manie le paradoxe : représentant le mot « rien », l'œuvre d'art semble s'anéantir elle-même, et avec elle anéantir l'artiste, évoquant la vanité de son travail.

Monsieur Jourdain sur scène : entre vanité et légèreté *

▶ Affiche pour la comédie-ballet *Le Bourgeois gentilhomme* de Lully et Molière, mise en scène par Vincent Dumestre et représentée à l'opéra de Versailles par l'ensemble le Poème harmonique (2010), avec Olivier Martin-Salvan dans le rôle de M. Jourdain. Cette affiche s'inspire visiblement de l'esthétique des vanités dont elle reprend les objets et les teintes caractéristiques.

▼ *Le Bourgeois gentilhomme* mis en scène par Laurent Serrano, Festival d'Anjou, 2012. Laurent Serrano prend le parti de transposer *Le Bourgeois gentilhomme* dans un cadre contemporain résolument léger : comme les personnages, la scène est habillée de couleurs vives. Un piano, un accordéon et une guitare composent l'orchestre et la force comique du texte de Molière trouve un nouveau souffle dans cette atmosphère de comédie musicale.

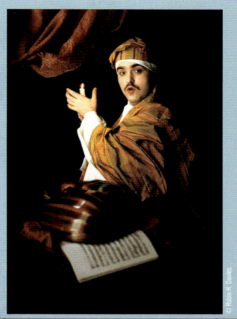

© Robin H. Davies

© Miliana Bidault

* Voir dossier, p. 185

◀ *Le Bourgeois gentilhomme* mis en scène par Denis Podalydès au théâtre des Bouffes du Nord, 2012. Ici, M. Jourdain (Pascal Rénéric) et les autres personnages sont parés de costumes d'époque confectionnés par le couturier Christian Lacroix.

▼ *Le Bourgeois gentilhomme* d'après Molière, mis en scène par Philippe Car et sa compagnie Agence de Voyages Imaginaires, 2009.
Sur un plateau en forme de tatami, les personnages, masqués ou munis d'accessoires spectaculaires, rejouent la comédie de Molière à la manière d'une pantomime.

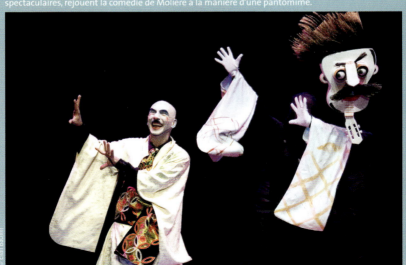

Le Mufti propose de donner le turban au Bourgeois, et chante les paroles suivantes :

Le Mufti
355 *Ti non star furba ?*

Les Turcs
No, no, no.

Le Mufti
Non star furfanta ?

Les Turcs
No, no, no.

Le Mufti
Donar turbanta, donar turbanta[1].

360 *Les Turcs répètent tout ce que dit le Mufti pour donner le turban au Bourgeois. Le Mufti et les Dervis se coiffent avec des turbans de cérémonie, et l'on présente au Mufti l'Alcoran*[2], *qui fait une seconde invocation avec tout le reste des Turcs assistants ; après son invocation, il donne au Bourgeois l'épée et chante ces paroles :*

Le Mufti
365 *Ti star nobilé, é non star fabbola.*
Pigliar schiabbola[3].

Les Turcs répètent les mêmes vers, mettant tous le sabre à la main, et six d'entre eux dansent autour du Bourgeois, auquel ils feignent de donner plusieurs coups de sabre.

---

1. «Toi pas être fourbe ? » – « Non, non, non. » – « Pas être imposteur ? » – « Non, non, non. » – « Donner turban, donner turban. »
2. *L'Alcoran* : le Coran.
3. «Toi être noble, (cela) ne pas être fable./ Pendre sabre. »

370 *Le Mufti commande aux Turcs de bâtonner[1] le Bourgeois, et chante les paroles qui suivent :*

LE MUFTI

*Dara, dara,
Bastonnara, bastonnara[2].*

*Les Turcs répètent les mêmes vers, et lui donnent plusieurs coups
375 de bâton en cadence.*

LE MUFTI, *après l'avoir fait bâtonner, lui dit en chantant :*

LE MUFTI

*Non tener honta :
Questa star l'ultima affronta[3].*

Les Turcs répètent les mêmes vers.
*Le Mufti recommence une invocation et se retire après la cérémonie
380 avec tous les Turcs, en dansant et chantant avec plusieurs instruments à la turquesque[4].*

---

1. Bâtonner : frapper à coups de bâton.
2. «Donnez, donnez,/ Coups de bâton, coups de bâton.»
3. «Ne pas avoir honte :/ Cela être l'ultime affront.»
4. À la turquesque : à la manière turque.

Acte V

Scène première

Mme Jourdain, M. Jourdain

Mme Jourdain. – Ah! mon Dieu! miséricorde! Qu'est-ce que c'est donc que cela? Quelle figure! Est-ce un momon[1] que vous allez porter; et est-il temps d'aller en masque? Parlez donc, qu'est-ce que c'est que ceci? Qui vous a fagoté[2] comme cela?

M. Jourdain. – Voyez l'impertinente, de parler de la sorte à un *Mamamouchi*!

Mme Jourdain. – Comment donc?

M. Jourdain. – Oui, il me faut porter du respect maintenant, et l'on vient de me faire *Mamamouchi*.

Mme Jourdain. – Que voulez-vous dire avec votre *Mamamouchi*?

M. Jourdain. – *Mamamouchi*, vous dis-je. Je suis *Mamamouchi*.

Mme Jourdain. – Quelle bête est-ce là?

---

1. ***Momon*** : défi lancé, pendant le carnaval, par des participants masqués. Mme Jourdain demande donc à son époux s'il compte participer au carnaval.
2. ***Fagoté*** : mal habillé.

M. JOURDAIN. – *Mamamouchi*, c'est-à-dire, en notre langue, Paladin.

MME JOURDAIN. – Baladin[1] ! Êtes-vous en âge de danser des ballets ?

M. JOURDAIN. – Quelle ignorante ! Je dis Paladin : c'est une dignité dont on vient de me faire la cérémonie.

MME JOURDAIN. – Quelle cérémonie donc ?

M. JOURDAIN. – *Mahameta per Iordina.*

MME JOURDAIN. – Qu'est-ce que cela veut dire ?

M. JOURDAIN. – *Iordina*, c'est-à-dire Jourdain.

MME JOURDAIN. – Hé bien ! quoi, Jourdain ?

M. JOURDAIN. – *Voler far un Paladina de Iordina.*

MME JOURDAIN. – Comment ?

M. JOURDAIN. – *Dar turbanta con galera.*

MME JOURDAIN. – Qu'est-ce à dire cela ?

M. JOURDAIN. – *Per deffender Palestina.*

MME JOURDAIN. – Que voulez-vous donc dire ?

M. JOURDAIN. – *Dara dara bastonara.*

MME JOURDAIN. – Qu'est-ce donc que ce jargon-là ?

M. JOURDAIN. – *Non tener honta : questa star l'ultima affronta.*

MME JOURDAIN. – Qu'est-ce que c'est donc que tout cela ?

M. JOURDAIN, *danse et chante*. – Hou la ba ba la chou ba la ba ba la da.

MME JOURDAIN. – Hélas ! mon Dieu ! mon mari est devenu fou.

M. JOURDAIN, *sortant*. – Paix ! insolente, portez respect à monsieur le *Mamamouchi*.

MME JOURDAIN. – Où est-ce qu'il a donc perdu l'esprit ? Courons l'empêcher de sortir. Ah ! ah ! voici justement

---

1. Baladin : danseur ou comédien de farce (terme péjoratif).

le reste de notre écu[1]. Je ne vois que chagrin de tous les côtés.

Elle sort.

Scène 2

DORANTE, DORIMÈNE

DORANTE. – Oui, madame, vous verrez la plus plaisante chose qu'on puisse voir ; et je ne crois pas que dans tout le monde il soit possible de trouver encore un homme aussi fou que celui-là. Et puis, madame, il faut tâcher de servir l'amour de Cléonte, et d'appuyer toute sa mascarade : c'est un fort galant homme et qui mérite que l'on s'intéresse pour lui[2].

DORIMÈNE. – J'en fais beaucoup de cas, et il est digne d'une bonne fortune[3].

DORANTE. – Outre cela, nous avons ici, madame, un ballet qui nous revient, que nous ne devons pas laisser perdre, et il faut bien voir si mon idée pourra réussir.

DORIMÈNE. – J'ai vu là des apprêts[4] magnifiques, et ce sont des choses, Dorante, que je ne puis plus souffrir[5]. Oui, je veux enfin vous empêcher vos profusions ; et, pour rompre le cours à toutes les dépenses que je vous vois

---

1. *Voici* [...] *le reste de notre écu* : voici encore un importun (expression familière).
2. *On s'intéresse pour lui* : on l'aide.
3. *Bonne fortune* : heureuse destinée.
4. *Apprêts* : préparatifs.
5. *Souffrir* : permettre.

faire pour moi, j'ai résolu de me marier promptement avec vous : c'en est le vrai secret, et toutes ces choses finissent avec le mariage.

DORANTE. – Ah ! madame, est-il possible que vous ayez pu prendre pour moi une si douce résolution ?

DORIMÈNE. – Ce n'est que pour vous empêcher de vous ruiner ; et, sans cela, je vois bien qu'avant qu'il fût peu, vous n'auriez pas un sou.

DORANTE. – Que j'ai d'obligation, madame, aux soins que vous avez de conserver mon bien ! Il est entièrement à vous, aussi bien que mon cœur, et vous en userez de la façon qu'il vous plaira.

DORIMÈNE. – J'userai bien de tous les deux. Mais voici votre homme ; la figure en est admirable.

Scène 3

M. JOURDAIN, DORANTE, DORIMÈNE

DORANTE. – Monsieur, nous venons rendre hommage, madame et moi, à votre nouvelle dignité, et nous réjouir avec vous du mariage que vous faites de votre fille avec le fils du Grand Turc.

M. JOURDAIN, *après avoir fait les révérences à la turque*. – Monsieur, je vous souhaite la force des serpents et la prudence des lions.

DORIMÈNE. – J'ai été bien aise d'être des premières, monsieur, à venir vous féliciter du haut degré de gloire où vous êtes monté.

M. Jourdain. – Madame, je vous souhaite toute l'année votre rosier fleuri ; je vous suis infiniment obligé de prendre part aux honneurs qui m'arrivent, et j'ai beaucoup de joie de vous voir revenue ici pour vous faire les très humbles excuses de l'extravagance de ma femme.

Dorimène. – Cela n'est rien, j'excuse en elle un pareil mouvement ; votre cœur lui doit être précieux, et il n'est pas étrange que la possession d'un homme comme vous puisse inspirer quelques alarmes[1].

M. Jourdain. – La possession de mon cœur est une chose qui vous est toute acquise.

Dorante. – Vous voyez, madame, que M. Jourdain n'est pas de ces gens que les prospérités[2] aveuglent, et qu'il sait, dans sa gloire, connaître encore ses amis.

Dorimène. – C'est la marque d'une âme tout à fait généreuse.

Dorante. – Où est donc Son Altesse turque ? Nous voudrions bien, comme vos amis, lui rendre nos devoirs[3].

M. Jourdain. – Le voilà qui vient, et j'ai envoyé quérir ma fille pour lui donner la main.

---

1. *Alarmes* : craintes, ici crises de jalousie.
2. *Prospérités* : événements heureux.
3. *Devoirs* : hommages.

Scène 4

CLÉONTE, COVIELLE, M. JOURDAIN, etc.

DORANTE. – Monsieur, nous venons faire la révérence à Votre Altesse, comme amis de monsieur votre beau-père, et l'assurer avec respect de nos très humbles services.

M. JOURDAIN. – Où est le truchement[1], pour lui dire qui vous êtes, et lui faire entendre ce que vous dites ? Vous verrez qu'il vous répondra, et il parle turc à merveille. Holà ! où diantre est-il allé ? *(À Cléonte.) Strouf, strif, strof, straf.* Monsieur est un *grande Segnore, grande Segnore, grande Segnore* ; et madame une *granda Dama, granda Dama. Ahi*, lui, monsieur, lui *Mamamouchi* français, et madame *Mamamouchie* française ; je ne puis pas parler plus clairement. Bon, voici l'interprète. Où allez-vous donc ? Nous ne saurions rien dire sans vous. Dites-lui un peu que monsieur et madame sont des personnes de grande qualité[2], qui lui viennent faire la révérence, comme mes amis, et l'assurer de leurs services. Vous allez voir comme il va répondre.

COVIELLE. – *Alabala crociam acci boram alabamen.*

CLÉONTE. – *Cataleci tubal ourin soter amalouchan.*

M. JOURDAIN. – Voyez-vous ?

COVIELLE. – Il dit que la pluie des prospérités arrose en tout temps le jardin de votre famille !

M. JOURDAIN. – Je vous l'avais bien dit, qu'il parle turc.

DORANTE. – Cela est admirable.

---

1. *Le truchement* : l'interprète.
2. *De grande qualité* : de haute noblesse.

Scène 5

Lucile, M. Jourdain, Dorante,
Dorimène, etc.

M. Jourdain. – Venez, ma fille, approchez-vous, et venez donner votre main à monsieur, qui vous fait l'honneur de vous demander en mariage.

Lucile. – Comment, mon père, comme vous voilà fait ! Est-ce une comédie que vous jouez ?

M. Jourdain. – Non, non, ce n'est pas une comédie, c'est une affaire fort sérieuse, et la plus pleine d'honneur pour vous qui se peut souhaiter. Voilà le mari que je vous donne.

Lucile. – À moi, mon père ?

M. Jourdain. – Oui, à vous : allons, touchez-lui dans la main, et rendez grâce au Ciel de votre bonheur.

Lucile. – Je ne veux point me marier.

M. Jourdain. – Je le veux, moi qui suis votre père.

Lucile. – Je n'en ferai rien.

M. Jourdain. – Ah ! que de bruit ! Allons, vous dis-je. Çà[1], votre main.

Lucile. – Non, mon père, je vous l'ai dit, il n'est point de pouvoir qui me puisse obliger de prendre un autre mari que Cléonte ; et je me résoudrai plutôt à toutes les extrémités, que de… *(Reconnaissant Cléonte.)* Il est vrai que vous êtes mon père, je vous dois entière obéissance, et c'est à vous à disposer de moi selon vos volontés.

M. Jourdain. – Ah ! je suis ravi de vous voir si promptement revenue dans votre devoir, et voilà qui me plaît, d'avoir une fille obéissante.

---

1. *Çà* : allons.

Scène dernière

MME JOURDAIN, M. JOURDAIN,
CLÉONTE, etc.

MME JOURDAIN. – Comment donc ? qu'est-ce que c'est que ceci ? On dit que vous voulez donner votre fille en mariage à un carême-prenant[1].

M. JOURDAIN. – Voulez-vous vous taire, impertinente ? Vous venez toujours mêler vos extravagances à toutes choses, et il n'y a pas moyen de vous apprendre à être raisonnable.

MME JOURDAIN. – C'est vous qu'il n'y a pas moyen de rendre sage, et vous allez de folie en folie. Quel est votre dessein[2], et que voulez-vous faire avec cet assemblage[3] ?

M. JOURDAIN. – Je veux marier notre fille avec le fils du Grand Turc.

MME JOURDAIN. – Avec le fils du Grand Turc !

M. JOURDAIN. – Oui, faites-lui faire vos compliments par le truchement que voilà.

MME JOURDAIN. – Je n'ai que faire du truchement, et je lui dirai bien moi-même à son nez qu'il n'aura point ma fille.

M. JOURDAIN. – Voulez-vous vous taire, encore une fois ?

DORANTE. – Comment, madame Jourdain, vous vous opposez à un bonheur comme celui-là ? Vous refusez Son Altesse turque pour gendre ?

---

1. *Un carême-prenant* : un homme qui participe au carnaval du mardi gras en se déguisant, et plus généralement un homme habillé d'une façon extravagante.
2. *Dessein* : intention.
3. *Assemblage* : union.

MME JOURDAIN. – Mon Dieu, monsieur, mêlez-vous de vos affaires.
DORIMÈNE. – C'est une grande gloire, qui n'est pas à rejeter.
MME JOURDAIN. – Madame, je vous prie aussi de ne vous point embarrasser de ce qui ne vous touche pas.
DORANTE. – C'est l'amitié que nous avons pour vous qui nous fait intéresser dans vos avantages[1].
MME JOURDAIN. – Je me passerai bien de votre amitié.
DORANTE. – Voilà votre fille qui consent aux volontés de son père.
MME JOURDAIN. – Ma fille consent à épouser un Turc ?
DORANTE. – Sans doute.
MME JOURDAIN. – Elle peut oublier Cléonte ?
DORANTE. – Que ne fait-on pas pour être grande dame ?
MME JOURDAIN. – Je l'étranglerais de mes mains, si elle avait fait un coup comme celui-là.
M. JOURDAIN. – Voilà bien du caquet. Je vous dis que ce mariage-là se fera.
MME JOURDAIN. – Je vous dis, moi, qu'il ne se fera point.
M. JOURDAIN. – Ah ! que de bruit !
LUCILE. – Ma mère.
MME JOURDAIN. – Allez, vous êtes une coquine.
M. JOURDAIN. – Quoi ? vous la querellez de ce qu'elle m'obéit ?
MME JOURDAIN. – Oui : elle est à moi, aussi bien qu'à vous.
COVIELLE. – Madame.
MME JOURDAIN. – Que me voulez-vous conter, vous ?
COVIELLE. – Un mot.
MME JOURDAIN. – Je n'ai que faire de votre mot.
COVIELLE, *à M. Jourdain*. – Monsieur, si elle veut écouter une

---

1. ***Intéresser dans vos avantages*** : prendre parti pour vous.

parole en particulier, je vous promets de la faire consentir à ce que vous voulez.

MME JOURDAIN. – Je n'y consentirai point.

COVIELLE. – Écoutez-moi seulement.

MME JOURDAIN. – Non.

M. JOURDAIN. – Écoutez-le.

MME JOURDAIN. – Non, je ne veux pas l'écouter.

M. JOURDAIN. – Il vous dira…

MME JOURDAIN. – Je ne veux point qu'il me dise rien.

M. JOURDAIN. – Voilà une grande obstination de femme ! Cela vous fera-t-il mal, de l'entendre ?

COVIELLE. – Ne faites que m'écouter ; vous ferez après ce qu'il vous plaira.

MME JOURDAIN. – Hé bien ! quoi ?

COVIELLE, *à part*. – Il y a une heure, madame, que nous vous faisons signe. Ne voyez-vous pas bien que tout ceci n'est fait que pour nous ajuster aux visions de votre mari, que nous l'abusons[1] sous ce déguisement, et que c'est Cléonte lui-même qui est le fils du Grand Turc ?

MME JOURDAIN. – Ah, ah !

COVIELLE. – Et moi Coville qui suis le truchement ?

MME JOURDAIN. – Ah ! comme cela, je me rends.

COVIELLE. – Ne faites pas semblant de rien[2].

MME JOURDAIN. – Oui, voilà qui est fait, je consens au mariage.

M. JOURDAIN. – Ah ! voilà tout le monde raisonnable. Vous ne vouliez pas l'écouter. Je savais bien qu'il vous expliquerait ce que c'est que le fils du Grand Turc.

MME JOURDAIN. – Il me l'a expliqué comme il faut, et j'en suis satisfaite. Envoyons quérir un notaire.

---

1. *Abusons* : trompons.
2. *Ne faites pas semblant de rien* : faites comme si de rien n'était.

DORANTE. – C'est fort bien dit. Et afin, madame Jourdain, que vous puissiez avoir l'esprit tout à fait content, et que vous perdiez aujourd'hui toute la jalousie que vous pourriez avoir conçue de monsieur votre mari, c'est que nous nous servirons du même notaire pour nous marier, madame et moi.

MME JOURDAIN. – Je consens aussi à cela.

M. JOURDAIN. – C'est pour lui faire accroire[1].

DORANTE. – Il faut bien l'amuser avec cette feinte[2].

M. JOURDAIN. – Bon, bon. Qu'on aille vite quérir le notaire.

DORANTE. – Tandis qu'il viendra, et qu'il dressera les contrats, voyons notre ballet, et donnons-en le divertissement à Son Altesse turque.

M. JOURDAIN. – C'est fort bien avisé : allons prendre nos places.

MME JOURDAIN. – Et Nicole ?

M. JOURDAIN. – Je la donne au truchement ; et ma femme à qui la voudra.

COVIELLE. – Monsieur, je vous remercie. Si l'on en peut voir un plus fou, je l'irai dire à Rome.

La comédie finit par un petit ballet qui avait été préparé.

---

1. *Lui faire accroire* : la tromper, lui faire croire des mensonges.
2. *Feinte* : tromperie.

Acte V, scène dernière | 141

Ballet des nations

PREMIÈRE ENTRÉE

Un homme vient donner les livres du ballet[1], qui d'abord est fatigué[2] par une multitude de gens de provinces différentes, qui crient en musique pour en avoir, et par trois importuns, qu'il trouve toujours sur ses pas.

Dialogue des gens qui en musique demandent des livres

Tous

5   À moi, monsieur, à moi de grâce, à moi, monsieur :
Un livre, s'il vous plaît, à votre serviteur.

Homme du bel air[3]

Monsieur, distinguez-nous parmi les gens qui crient.
Quelques livres ici, les dames vous en prient.

Autre homme du bel air

Holà! monsieur, monsieur, ayez la charité
10   D'en jeter de notre côté.

Femme du bel air

Mon Dieu! qu'aux personnes bien faites[4]
On sait peu rendre honneur céans.

---

1. *Livres du ballet* : livrets, programmes distribués aux spectateurs.
2. *D'abord est fatigué* : est tout de suite importuné.
3. *Du bel air* : aux manières distinguées.
4. *Bien faites* : biens mises, bien habillées.

Autre femme du bel air

Ils n'ont des livres et des bancs
Que pour mesdames les grisettes[1].

Gascon

Aho! l'homme aux libres, qu'on m'en vaille[2]*!*
J'ai déjà lé poumon usé.
Bous boyez qué chacun mé raille;
Et je suis escandalisé
De boir és[3] *mains dé la canaille*
Cé qui m'est par bous refusé.

Autre Gascon

Eh cadédis[4]*! Monseu, boyez qui l'on pût être :*
Un libret, je bous prie, au varon d'Asbarat.
  Jé pense, mordy[5]*, qué lé fat*
  N'a pas l'honnur dé mé connaître.

Le Suisse

Mon'-sieur le donneur de papieir,
Que veul dir sti façon de fifre?
Moy l'écorchair tout mon gosieir
  À crieir,

---

1. Grisettes : femmes coquettes, de condition sociale modeste (terme péjoratif).
2. Vaille : mis pour «baille», qui signifie «donne» (Molière se moque du parler gascon, notamment, en remplaçant les «b» par des «v» et *vice versa*, ainsi que les «e» par des «é»).
3. És : dans les.
4. Cadédis : juron gascon.
5. Mordy : mordieu (juron).

Sans que je pouvre afoir ein lifre :
30 *Pardy, mon foi! Mon'-sieur, je pense fous l'être ifre*[1].

Vieux bourgeois babillard

De tout ceci, franc et net,
    Je suis mal satisfait;
Et cela sans doute est laid,
    Que notre fille,
35   *Si bien faite et si gentille,*
De tant d'amoureux l'objet,
    N'ait pas à son souhait
    Un livre de ballet,
    Pour lire le sujet
40 *Du divertissement qu'on fait,*
Et que toute notre famille
    Si proprement s'habille,
Pour être placée au sommet
De la salle, où l'on met
45   *Les gens de Lantriguet*[2] *:*
De tout ceci, franc et net,
Je suis mal satisfait,
Et cela sans doute est laid.

Vieille bourgeoise babillarde

Il est vrai que c'est une honte,
50   *Le sang au visage me monte,*
Et ce jeteur de vers qui manque au capital[3]

---

1. Le texte imite l'accent suisse, notamment en remplaçant les «v» par des «f» («fifre» pour «vivre»), et en utilisant les terminaisons «eir» et «air».
2. Lantriguet : ancien nom de Tréguier (ville bretonne).
3. Au capital : à l'essentiel.

> L'entend fort mal ;
> C'est un brutal,
> Un vrai cheval,
> Franc animal,
> De faire si peu de compte
> D'une fille qui fait l'ornement principal
> Du quartier du Palais-Royal,
> Et que ces jours passés un comte
> Fut prendre la première au bal.
> Il l'entend mal ;
> C'est un brutal,
> Un vrai cheval,
> Franc animal.

Hommes et femmes du bel air

Ah ! quel bruit !

    Quel fracas !

        Quel chaos !

            Quel mélange !

Quelle confusion !

    Quelle cohue étrange !
Quel désordre !

    Quel embarras !

On y sèche.

    L'on n'y tient pas.

Gascon

Bentré ! je suis à vout.

Autre Gascon

J'enrage, Diou mé damne !

SUISSE

Ah que ly faire saif dans sty sal de cians!

GASCON

Jé murs.

AUTRE GASCON

Jé perds la tramontane[1].

SUISSE

80 *Mon foi! moi le foudrais être, hors de dedans.*

VIEUX BOURGEOIS BABILLARD

Allons, ma mie[2],
Suivez mes pas,
Je vous en prie,
Et ne me quittez pas :
85 *On fait de nous trop peu de cas,*
Et je suis las
De ce tracas :
Tout ce fatras,
Cet embarras
90 *Me pèse par trop sur les bras.*
S'il me prend jamais envie
De retourner de ma vie
À ballet ni comédie,
Je veux bien qu'on m'estropie.
95 *Allons, ma mie,*

---

1. *Je perds la tramontane* : je perds le nord, c'est-à-dire je ne sais plus où je suis.
2. *Ma mie* : mon amie (expression affectueuse par laquelle il désigne sa femme).

Suivez mes pas,
Je vous en prie,
Et ne me quittez pas ;
On fait de nous trop peu de cas.

Vieille bourgeoise babillarde

100 *Allons, mon mignon, mon fils[1],*
Regagnons notre logis,
Et sortons de ce taudis,
Où l'on ne peut être assis :
Ils seront bien ébaubis[2]
105 *Quand ils nous verront partis.*
Trop de confusion règne dans cette salle,
Et j'aimerais mieux être au milieu de la Halle[3].
Si jamais je reviens à semblable régale,
Je veux bien recevoir des soufflets plus de six.
110 *Allons, mon mignon, mon fils,*
Regagnons notre logis,
Et sortons de ce taudis,
Où l'on ne peut être assis.

Tous

À moi, monsieur, à moi de grâce, à moi, monsieur :
115 *Un livre, s'il vous plaît, à votre serviteur.*

---

1. *Mon fils* : expression affectueuse par laquelle elle désigne son mari.
2. *Ébaubis* : stupéfaits.
3. *Halle* : place publique où se tient le marché.

SECONDE ENTRÉE

Les trois importuns dansent.

TROISIÈME ENTRÉE

TROIS ESPAGNOLS *chantent.*

Sé que me muero de amor,
Y solicito el dolor.
Aun muriendo de querer,
De tan buen ayre adolezco,
Que es mas de lo que padezco
Lo que quiero padecer,
Y no pudiendo exceder
A mi deseo el rigor.

Sé que me muero de amor,
Y solicito el dolor.

Lisonxeame la suerte
Con piedad tan advertida,
Que me assegura la vida
En el riesgo de la muerte.
Vivir de su golpe fuerte
Es de mi salud prirnor.

Sé que, etc.[1].

---

1. « Je sais que je meurs d'amour,/ Et je recherche la douleur./ Quoique mourant de désir,/ Je dépéris de si bon air,/ Que ce que je désire souffrir/ Est plus que ce que je souffre,/ Et la rigueur de mon mal/ Ne peut excéder mon désir./ Je sais que je meurs d'amour,/ Et je recherche la douleur./ Le sort me flatte/ Avec une pitié si attentive/ Qu'il m'assure la vie/ Dans le

Six Espagnols dansent.

Trois musiciens espagnols

Ay! que locura, con tanto rigor
Quexarse de Amor,
Del niño bonito
Que todo es dulçura!
Ay! que locura!
Ay! que locura[1]*!*

Espagnol, *chantant.*

El dolor solicita
El que al dolor se da;
Y nadie de amor muere,
Sino quien no save amar[2].

Deux Espagnols

Dulce muerte es el amor
Con correspondencia ygual;
Y si esta gozamos o,
Porque la quieres turbar[3]*?*

Un Espagnol

Alegrese enamorado,
Y tome mi parecer;

---

danger de la mort./ Vivre d'un coup si fort/ Est le prodige de mon salut./ Je sais que, etc. »
1. «Ah! quelle folie de se plaindre/ Avec tant de rigueur de l'amour,/ De l'enfant gentil/ Qui est la douceur même!/ Ah! quelle folie! Ah! quelle folie!»
2. «La douleur tourmente/ Celui qui s'abandonne à la douleur;/ Et ne meurt d'amour,/ Que celui qui ne sait pas aimer.»
3. «L'amour est une douce mort/ Quand il est réciproque;/ Et si nous en jouissons aujourd'hui,/ Pourquoi la veux-tu troubler?»

Que en esto de querer,
Todo es hallar el vado[1].

TOUS TROIS ENSEMBLE
Vaya, vaya de fiestas!
Vaya de vayle!
Alegria, alegria, alegria!
Que esto de dolor es fantasia[2].

QUATRIÈME ENTRÉE
ITALIENS

UNE MUSICIENNE ITALIENNE *fait le premier récit, dont voici, les paroles* :
Di rigori armata il seno,
Contro amor mi ribellai;
Ma fui vinta in un baleno
In mirar duo vaghi rai;
Ahi! che resiste puoco
Cor di gelo a stral di fuoco!
Ma si caro è'l mio tormento,
Dolce è si la piaga mia,
Ch'il penare è'l mio contento,
E'l sanarmi è tirannia.
Ahi! che più giova e piace,
Quanto amor è più vivace[3]*!*

---

1. «Que l'amant se réjouisse,/ Et adopte mon avis;/ Car, lorsqu'on aime,/ Le tout est de trouver le moyen d'aimer.»
2. «Allons, allons, des fêtes!/ Allons, de la danse!/ Gai, gai, gai!/ La douleur n'est qu'une illusion.»
3. «Ayant armé mon sein de rigueurs,/ Je me révoltai contre l'amour;/ Mais je fus vaincue en un clin d'œil/ En regardant deux beaux yeux;/

Après l'air que la musicienne a chanté, deux Scaramouches, deux Trivelins et un Arlequin[1] représentent une nuit à la manière des comédiens italiens, en cadence.
Un musicien italien se joint à la musicienne italienne, et chante avec elle les paroles qui suivent :

LE MUSICIEN ITALIEN

Bel tempo che vola
Rapisce il contento ;
D'Amor nella scola
Si coglie il momento[2].

LA MUSICIENNE

Insin che florida
Ride l'età,
Che pur tropp'orrida
Da noi sen và[3].

TOUS DEUX

Sù cantiamo,
Sù godiamo
Né bei dì di gioventù :
Perduto ben non si racquista più[4].

Ah ! comme résiste peu/ Un cœur de glace à une flèche de feu !/ Mais mon tourment m'est si cher,/ Et si douce est ma blessure,/ Que ma souffrance fait mon bonheur,/ Et que me guérir serait une tyrannie./ Ah ! plus l'amour est vif,/ Plus il y a de joie et de plaisir ! »
1. **Scaramouche**, **Trivelin** et **Arlequin** sont des personnages de la *commedia dell'arte*.
2. « Le beau temps qui s'envole/ Emporte le plaisir ;/ À l'école de l'Amour/ On cueille l'instant présent. »
3. « Tant que l'âge en fleur/ Nous sourit,/ L'âge qui trop vite, hélas !/ s'éloigne de nous. »
4. « Allons ! chantons,/ Allons ! jouissons,/ Dans les beaux jours de la jeunesse :/ Un bien perdu ne se retrouve plus ! »

MUSICIEN

185 *Pupilla che vaga*
Mill'alme incatena
Fà dolce la piaga,
Felice la pena[1].

MUSICIENNE

Ma poiche frigida
190 *Langue l'età,*
Più l'alma rigida
Fiamme non ha[2].

TOUS DEUX

Sù cantiamo, etc.[3].

Après le dialogue italien, les Scaramouches et Trivelins dansent
195 une réjouissance.

CINQUIÈME ENTRÉE
FRANÇAIS

PREMIER MENUET

DEUX MUSICIENS POITEVINS *dansent et chantent*
les paroles qui suivent.
Ah! qu'il fait beau dans ces bocages!
Ah! que le Ciel donne un beau jour!

---

1. «Un bel œil/ Enchaîne mille cœurs/ Rend douce la blessure,/ Et heureuse la peine.»
2. «Mais quand languit/ L'âge glacé,/ L'âme engourdie/ N'a plus de feu.»
3. «Allons, chantons, etc.»

Autre musicien
Le rossignol, sous ces tendres feuillages,
Chante aux échos son doux retour :

Ce beau séjour,
Ces doux ramages,
Ce beau séjour
Nous invite à l'amour.

SECOND MENUET

Tous deux *ensemble.*
Vois, ma Climène,
Vois sous ce chêne
S'entre-baiser ces oiseaux amoureux ;
Ils n'ont rien dans leurs vœux
Qui les gêne ;
De leurs doux feux
Leur âme est pleine.
Qu'ils sont heureux !
Nous pouvons tous deux,
Si tu le veux,
Être comme eux.

Six autres Français viennent après, vêtus galamment à la poitevine, trois en hommes et trois en femmes, accompagnés de huit flûtes et de hautbois, et dansent les menuets.

SIXIÈME ENTRÉE

Tout cela finit par le mélange des trois nations, et les applaudissements en danse et en musique de toute l'assistance, qui chante
220 *les deux vers qui suivent :*

Quels spectacles charmants, quels plaisirs goûtons-nous !
Les dieux mêmes, les dieux n'en ont point de plus doux.

■ Cérémonie turque (intermède de l'acte IV) dans la mise en scène de Jean-Louis Benoit à la Comédie-Française, en 2000 (avec Michel Robin dans le rôle de M. Jourdain, au centre). Voir dossier de l'édition, p. 180-182.

DOSSIER

Vocabulaire d'analyse d'une pièce de théâtre

Avez-vous bien lu ?

Au fil du texte

Les ressorts du comique dans *Le Bourgeois gentilhomme*

Les « gens de qualité » et le culte du paraître
(groupement de textes n° 1)

Molière et ses influences
(groupement de textes n° 2)

Prolongement : la comédie-ballet

Une scène, quatre versions : la cérémonie turque

Histoire des arts
(les vanités à travers les âges)

Le narcissisme 2.0

Un livre, un film
Ridicule, de Patrice Leconte (France, 1996)

Vocabulaire d'analyse d'une pièce de théâtre

APARTÉ : parole que prononce un personnage sur scène, à l'insu des autres personnages, et que le public est seul censé entendre.

COUP DE THÉÂTRE : renversement soudain de situation.

DÉNOUEMENT : résolution de l'intrigue de la pièce.

DIDASCALIES : indications que l'auteur donne sur l'organisation du texte (numéro de l'acte, de la scène, nom des personnages) et sur la mise en scène de sa pièce (expressions des personnages, déplacements, décors...) ; elles ne font pas partie des dialogues.

INTERMÈDE : divertissement chanté ou dansé qui se situe entre deux actes.

INTRIGUE : histoire racontée par la pièce.

PÉRIPÉTIE : événement qui modifie le déroulement de l'intrigue.

RÉPLIQUE : texte dit par un personnage au cours d'un dialogue.

SCÈNES D'EXPOSITION : scènes situées au début de la pièce et qui offrent les informations nécessaires à la compréhension de la situation initiale (lieu, époque, heure, personnages, enjeux, ton de la pièce).

TIRADE : réplique longue et ininterrompue d'un personnage, qui prend la forme d'un discours.

Avez-vous bien lu ?

Molière en son temps

Pour répondre aux questions suivantes, relisez la présentation.
1. Quel est le vrai nom de Molière ?
2. À quelle profession était-il destiné par son père ?
3. Avec qui monte-t-il sa première troupe ? Comment se nomme-t-elle ?
4. Dans quels théâtres Louis XIV lui offre-t-il de s'installer ?
5. Avec quelle troupe partage-t-il ces deux théâtres ?
6. Comment le roi témoigne-t-il son amitié à Molière ?
7. Où sont montées les comédies-ballets ?
8. Quels sont les trois arts qui se mêlent dans les comédies-ballets ?
9. Avec quel compositeur italien Molière crée-t-il de nombreux spectacles ?
10. De quand date *Le Bourgeois gentilhomme* ?

L'intrigue du *Bourgeois gentilhomme*

Après avoir lu la pièce, indiquez si les affirmations suivantes sont vraies ou fausses.

	VRAI	FAUX
Les maîtres de M. Jourdain considèrent qu'il est stupide.		
M. Jourdain prend des cours de musique et de danse car il souhaite devenir artiste professionnel.		
Mme Jourdain et Nicole sont impressionnées par les nouvelles connaissances de M. Jourdain et soutiennent ses ambitions.		
L'amitié que Dorante témoigne à M. Jourdain est loyale et désintéressée.		
Grâce au comte Dorante, M. Jourdain espère parvenir à séduire la marquise Dorimène.		
M. Jourdain refuse de donner sa fille en mariage à Cléonte car le jeune homme n'est pas assez riche.		
Le valet Covielle imagine une ruse pour faire accepter à M. Jourdain le mariage de son maître avec Lucile.		
Cette ruse consiste à faire passer Cléonte pour le fils du souverain de l'Empire ottoman.		
À la fin de la pièce, M. Jourdain est anobli.		
La pièce se termine par trois mariages : celui de Lucile et Cléonte, celui de Covielle et Nicole, et celui de Dorante et Dorimène.		

Au fil du texte

Répondez aux questions suivantes en vous aidant du lexique pour repérer les procédés d'écriture mis en œuvre par Molière.

▶ Acte I

1. Quelles informations nous donnent les deux premières scènes sur le lieu où se déroule l'action et sur le personnage principal, M. Jourdain (statut social, ambition, caractère) ? Comment s'appellent les scènes de ce type ?

2. Dans la scène 2, pour quelles raisons le Maître de musique et le Maître à danser prétendent-ils que la musique et la danse sont les arts les plus importants ? En suivant le fil du dialogue, montrez qu'ils sont d'abord en concurrence, mais finissent par s'associer. Selon eux, quels bénéfices tirerait M. Jourdain de ces apprentissages ? Sur quoi reposent leurs arguments ?

▶ Acte II

3. Dans la scène 2, pourquoi les maîtres de danse, de musique et de chant se disputent-ils ? Que remarquez-vous, concernant la forme des répliques et le rythme du dialogue, à partir de « Tout beau, monsieur le tireur d'armes : ne parlez de la danse qu'avec respect » ? Quel est l'effet produit ?

4. Expliquez la didascalie qui ouvre la scène 4. Pourquoi rend-elle comique la deuxième réplique du Maître de philosophie : « Un philosophe sait recevoir comme il faut les choses » ?

5. Dans la scène 5, quel lien existe-t-il entre le dialogue de M. Jourdain avec les garçons tailleurs et le ballet du deuxième intermède ?

Acte III

6. Dans la scène 3, par quels moyens successifs M. Jourdain essaie-t-il de faire taire Nicole et Mme Jourdain ? Quel rôle se donne-t-il ? En quoi est-ce comique ? D'après vos dernières réponses, expliquez en quoi l'on peut dire que cette scène est construite en miroir des actes I et II.

7. Dans la scène 4, relevez les répliques de Mme Jourdain, et classez d'une part celles qui sont adressées à un personnage et d'autre part les apartés, prononcés à l'insu de son mari et de Dorante (attention, ces apartés ne sont pas indiqués par des didascalies). Comment Dorante est-il censé comprendre les répliques qu'elle lui adresse ? Que signifient-elles en réalité ? D'après ses apartés, quel jugement porte Mme Jourdain sur les deux personnages ? Les scènes qui suivent lui donnent-elles raison ou tort ?

8. Dans la scène 7, quelle réplique de Mme Jourdain résume les deux intrigues amoureuses de la pièce ?

9. Montrez que la scène 10 représente deux groupes de personnages symétriques. En quoi peut-on dire que la progression de la scène repose aussi sur une symétrie ? Quel en est le centre ? Sur quoi repose l'effet comique de cette scène ?

10. Dans la scène 12, quelle réplique de Mme Jourdain peut-on qualifier de tirade ? Quelle idée cherche-t-elle à y défendre ?

11. Quelle péripétie Covielle annonce-t-il à la fin de l'acte III ?

Acte IV

12. Dans la scène première, quelle réplique de Dorante peut être qualifiée de tirade ? Qu'y décrit le comte ? dans quel but ?

13. Dans cette même scène, pourquoi M. Jourdain déprécie-t-il tout ce qu'il offre à Dorimène ? Quel élément de l'intrigue, ignoré par la jeune femme, justifie ce comportement ? Quelle est la réaction de

Dorimène ? Quelle circonstance, dont M. Jourdain n'a pas connaissance, explique cette attitude ?

14. Dans la scène 2, peut-on dire que l'arrivée de Mme Jourdain constitue un coup de théâtre ?

Acte V

15. Dans la scène 4, à quel autre personnage de la pièce fait penser Covielle dans ses échanges avec M. Jourdain, lorsqu'il lui apprend de prétendus rudiments de turc ? En quoi cette scène fait-elle écho à l'éducation de M. Jourdain représentée dans l'acte II ?

16. Dans la scène 5, quelle didascalie permet au lecteur de comprendre le comportement de Lucile ?

17. Pourquoi l'arrivée de Mme Jourdain dans la scène 6 retarde-t-elle le dénouement ?

Les ressorts du comique dans *Le Bourgeois gentilhomme*

Comédie classique, comédie de classe ?

▌ Des personnages représentatifs d'une classe sociale

Au temps de Louis XIV, la société était officiellement divisée en trois catégories — que l'on n'appelait pas « classes sociales », mais « états » : le clergé, la noblesse et le tiers état.

Traditionnellement, la comédie mettait en scène des personnages issus du tiers état, et surtout de la bourgeoisie ; la tragédie, en revanche, était affaire de nobles. Molière, dans *Le Bourgeois gentilhomme*, met pourtant en scène certains membres de la noblesse, dont la compagnie intensifie la folie de M. Jourdain et qui font ressortir sa différence sociale.

De plus, cette pièce montre que la répartition en états ne rend pas compte des différents statuts sociaux qui forment le « tiers » (bourgeois, serviteurs, artisans, ouvriers, paysans...) : il existe entre certains personnages du tiers état des différences sociales aussi importantes qu'entre les nobles et les bourgeois, ce que l'intrigue fait bien sentir.

Classez les personnages suivants selon leur classe sociale : Covielle, Dorimène, M. et Mme Jourdain, Nicole, Dorante.

Tiers état		Noblesse
Serviteurs	Grande bourgeoisie	

■ Des personnages aux traits bien définis, avec une fonction commune

On peut considérer qu'il y a deux parties dans *Le Bourgeois gentilhomme* : une série de « sketches » relativement autonomes, mettant en scène M. Jourdain et ses maîtres (de musique, à danser, d'armes, de philosophie, et le tailleur), dans les deux premiers actes, puis une véritable intrigue (le mariage de Lucile et Cléonte), qui commence au début du troisième acte et trouve son dénouement à la fin du cinquième.

Pourtant, tous les personnages de la pièce, qu'ils interviennent ou non dans une scène relevant de l'intrigue principale, ont pour fonction de mieux faire ressortir la folie de M. Jourdain.

Dans le tableau suivant, déterminez la fonction dramatique de chacun d'entre eux (les personnages ont été classés par ordre d'apparition). Attention, un personnage peut assumer plusieurs fonctions !

	Hypocrite profitant de la folie du héros	Raisonneur (qui cherche à ramener le héros à la raison)	Victime du héros maniaque	Auxiliaire des victimes du héros (qui cherche à les aider)
Maître de musique				
Maître à danser				
Maître d'armes				
Maître de philosophie				
Maître tailleur				
Nicole				
Mme Jourdain				
Dorante				
Cléonte				
Covielle				
Lucile				
Dorimène				

En comparant ce tableau avec le précédent, montrez que les personnages nobles ne sont pas épargnés par Molière, qui fait d'eux une critique subtile.

■ Des rôles hérités de la *commedia dell'arte*

Le Bourgeois gentilhomme n'est pas structuré seulement autour des classes sociales. Molière reprend aussi certains personnages de la *commedia dell'arte*, que son public connaît bien et apprécie. Ces personnages ont des rôles, des caractères et des relations déjà bien définies.

Renseignez-vous sur les rôles types joués par les acteurs de la *commedia dell'arte* en faisant une recherche au CDI. À votre avis, quel(s) personnage(s) du *Bourgeois gentilhomme* peut-on associer à chacun des rôles suivants ?

1. Le vieillard : ....
2. Les amoureux : ....
3. Le *zanni* (le valet rusé) : ....
4. La soubrette : ....
5. Le *dottore* (le docteur) : ....

Les formes de comique

Quatre types traditionnels de comique

On distingue traditionnellement quatre types de comique, qui sont tous présents dans *Le Bourgeois gentilhomme* :

LE COMIQUE DE GESTE : l'effet comique vient de la gestuelle des personnages – coups de bâton, gifles, mimiques, etc.

LE COMIQUE DE SITUATION : le comique provient d'une situation inattendue, que comprend le spectateur mais que ne perçoivent pas tous les personnages.

LE COMIQUE DE MOT : l'effet comique vient de la consonance d'un mot, de la façon dont il est prononcé, de sa répétition, ou d'un jeu de mots.

LE COMIQUE DE CARACTÈRE : l'effet comique vient de la personnalité du personnage, qui ne parvient pas à cacher ses défauts.

1. Pourquoi peut-on dire que la cérémonie turque (acte IV, scène 5) réunit les quatre types de comique ?

2. Dans le reste de la pièce, repérez au moins un exemple de :

A. comique de geste : ....
B. comique de situation : ....
C. comique de mot : ....
D. comique de caractère : ....

■ Forte présence du comique de caractère

Le Bourgeois gentilhomme est particulièrement riche en comique de caractère, notamment du fait des interactions entre catégories sociales qu'il met au jour.

Utilisez trois adjectifs pour définir plus précisément le caractère de chacun des personnages ainsi que celui de M. Jourdain. Pour vous aider, voici une liste d'adjectifs que vous avez rencontrés dans la pièce de Molière. Choisissez ceux qui conviennent, en tenant compte du sens qu'ils ont au XVIIe siècle :

bilieux (-euse) ; éclairé(e) ; extravagant(e) ; fidèle ; fou/folle ; galant(e) ; habile ; ignorant(e) ; impertinent(e) ; insolent(e) ; magnifique ; opiniâtre ; passionné(e) ; perfide ; ridicule ; sage ; sensé(e).

■ Le comique de fantaisie

Le comique de fantaisie est le comique qui préside au carnaval : le rire naît de la représentation d'un monde renversé, où les êtres n'ont pas l'apparence qu'ils ont habituellement (ils avancent masqués) et dans lequel tous les désirs les plus fous se réalisent.

Relevez dans la pièce les répliques des personnages qui font allusion au carnaval :

A. Acte III, scène 3 : ....
B. Acte III, scène 13 : ....
C. Acte V, scène première : ....

Selon vous, dans quelle scène culmine l'esprit de carnaval ?

Les « gens de qualité » et le culte du paraître

(groupement de textes n° 1)

On parle de satire à propos d'une œuvre qui, par le rire, s'en prend à un comportement jugé ridicule ou immoral. Dans *Le Bourgeois gentilhomme*, les procédés comiques sont mis au service de la critique de la prétention et de la vanité incarnées par le personnage principal, M. Jourdain. À l'époque où la pièce est écrite, d'autres genres littéraires se développent qui, à l'instar de la comédie, entendent tout à la fois divertir et instruire. C'est en effet la visée de la fable, à laquelle La Fontaine consacre trois séries de recueils, entre 1668 et 1694, ou celle des *Caractères* de La Bruyère (1688). Par la satire qu'ils contiennent, la fable « La Grenouille qui se veut faire aussi grosse que le Bœuf » et le portrait d'Arrias, extrait des *Caractères*, peuvent être rapprochés du *Bourgeois gentilhomme*. De même, dans *Les Précieuses ridicules*, la scène qui voit les deux précieuses Magdelon et Cathos s'extasier devant le « bel esprit » de Mascarille évoque la pédanterie de M. Jourdain.

L'altérité est au centre de ces textes, lesquels évoquent les relations hypocrites qui unissent les gens de cour et le besoin orgueilleux des bourgeois de paraître au-dessus de leur condition.

Raillé par les trois auteurs, l'homme du XVIIe siècle semble n'exister qu'au sein d'un groupe, un univers clos qu'on nommerait aujourd'hui « réseau », et qui se satisfait de relations superficielles.

La Fontaine, « La Grenouille qui se veut faire aussi grosse que le Bœuf » (1668)

> Une Grenouille vit un bœuf
> Qui lui sembla de belle taille.
> Elle qui n'était pas grosse en tout comme un œuf
> Envieuse [1] s'étend, et s'enfle, et se travaille
> Pour égaler l'animal en grosseur,
> Disant : « Regardez bien, ma sœur ;
> Est-ce assez ? dites-moi. N'y suis-je point encore ?
> – Nenni [2]. – M'y voici donc ? – Point du tout. – M'y voilà ?
> – Vous n'en approchez point. » La chétive [3] pécore [4]
> S'enfla si bien qu'elle creva [5].
> Le monde est plein de gens qui ne sont pas plus sages :
> Tout Bourgeois veut bâtir comme les grands Seigneurs,
> Tout petit Prince a des Ambassadeurs,
> Tout Marquis veut avoir des Pages [6].

La Fontaine, *Le Corbeau et le Renard et autres fables*, livre I, fable 3, GF-Flammarion, coll. « Étonnants Classiques », 2007.

1. Distinguez, au sein de la fable, ce qui relève de l'histoire, d'une part, et de la morale, de l'autre.

2. Pourquoi peut-on rapprocher la fable de l'intrigue du *Bourgeois gentilhomme* ?

3. Pour autant, à l'issue de la pièce, le spectateur du *Bourgeois gentilhomme* est-il invité à partager l'avis selon lequel « Tout Bourgeois veut bâtir comme les grands Seigneurs » ?

---

1. *Envieuse* : jalouse.
2. *Nenni* : non.
3. *Chétive* : maigre, de petite taille ; de faible constitution, c'est-à-dire fragile et faible.
4. *Pécore* : bête.
5. *Creva* : éclata.
6. *Pages* : serviteurs (au XVIIe siècle, ce sont de jeunes nobles au service du roi ou d'un seigneur).

4. À votre tour : à la manière de La Fontaine, rédigez la morale du *Bourgeois gentilhomme*.

 ## La Bruyère, *Les Caractères* (1688)

En 1684, La Bruyère devient précepteur du duc de Bourbon, petit-fils du prince de Condé. Il publie en 1688 *Les Caractères*, un ouvrage qui obtient un succès immédiat. À travers une multitude de portraits et de réflexions, il y dresse un tableau satirique de la société et de la Cour à l'époque de Louis XIV. Il ironise ici sur Arrias, un beau parleur.

    Arrias a tout lu, a tout vu, il veut le persuader ainsi ; c'est un homme universel, et il se donne pour tel : il aime mieux mentir que de se taire ou de paraître ignorer quelque chose. On parle à table d'un grand d'une cour du Nord : il prend la parole, et l'ôte à ceux qui allaient dire ce qu'ils savent ; il s'oriente dans cette région lointaine comme s'il en était originaire ; il discourt des mœurs de cette cour, des femmes du pays, de ses lois et de ses coutumes ; il récite des historiettes qui y sont arrivées ; il les trouve plaisantes, et il en rit le premier jusqu'à éclater. Quelqu'un se hasarde de le contredire, et lui prouve nettement qu'il dit des choses qui ne sont pas vraies. Arrias ne se trouble point, prend feu au contraire contre l'interrupteur : « Je n'avance rien, lui dit-il, je ne raconte rien que je ne sache original : je l'ai appris de *Sethon*, ambassadeur de France dans cette cour, revenu à Paris depuis quelques jours, que je connais familièrement, que j'ai fort interrogé, et qui ne m'a caché aucune circonstance. » Il reprenait le fil de sa narration avec plus de confiance qu'il ne l'avait commencée, lorsque l'un des conviés lui dit : « C'est Sethon à qui vous parlez, lui-même, et qui arrive de son ambassade. »

La Bruyère, *Les Caractères*, GF-Flammarion, coll. « Étonnants Classiques », éd. 2004, révisée en 2013, p. 67.

1. Quel est le trait de caractère dominant du personnage ? Dans quelles circonstances est-il présenté ?

2. Comment est dénommé, dans un premier temps, le contradicteur[1] d'Arrias ? Selon vous, quelle est l'intention de l'auteur ici ?

3. Repérez les deux passages au discours direct du texte. Quelle est la fonction du premier ?

4. En quoi le récit proposé par La Bruyère se rapproche-t-il du théâtre ?

Molière, *Les Précieuses ridicules* (1659)

La fille et la nièce de M. Gorgibus, un bon bourgeois, sont deux arrogantes qui rêvent d'être entourées de beaux esprits et de gens à la mode. Ces deux pédantes[2] prennent ici les extravagances du marquis de Mascarille (en réalité un valet) pour des marques de galanterie et de perfection de l'esprit.

MASCARILLE. – Les portraits sont difficiles, et demandent un esprit profond : vous en verrez de ma manière, qui ne vous déplairont pas.

CATHOS. – Pour moi j'aime terriblement les énigmes.

MASCARILLE. – Cela exerce l'esprit, et j'en ai fait quatre encore ce matin, que je vous donnerai à deviner.

MAGDELON. – Les madrigaux sont agréables, quand ils sont bien tournés.

MASCARILLE. – C'est mon talent particulier ; et je travaille à mettre en madrigaux toute l'histoire romaine.

MAGDELON. – Ah ! certes, cela sera du dernier beau. J'en retiens un exemplaire au moins, si vous le faites imprimer.

MASCARILLE. – Je vous en promets à chacune un, et des mieux reliés. Cela est au-dessous de ma condition ; mais je le fais seulement pour donner à gagner aux libraires, qui me persécutent.

---

1. *Le contradicteur* : la personne qui contredit.
2. *Pédantes* : personnes prétentieuses.

MAGDELON. – Je m'imagine que le plaisir est grand de se voir imprimé.

MASCARILLE. – Sans doute. Mais à propos, il faut que je vous dise un impromptu que je fis hier chez une duchesse de mes amies que je fus visiter ; car je suis diablement fort sur les impromptus.

CATHOS. – L'impromptu est justement la pierre de touche de l'esprit.

MASCARILLE. – Écoutez donc.

MAGDELON. – Nous y sommes de toutes nos oreilles.

MASCARILLE. – *Oh, oh, je n'y prenais pas garde :*
Tandis que, sans songer à mal, je vous regarde,
Votre œil en tapinois me dérobe mon cœur.
Au voleur, au voleur, au voleur, au voleur.

CATHOS. – Ah ! mon Dieu ! voilà qui est poussé dans le dernier galant.

MASCARILLE. – Tout ce que je fais a l'air cavalier ; cela ne sent point le pédant.

MAGDELON. – Il en est éloigné de plus de deux mille lieues.

MASCARILLE. – Avez-vous remarqué ce commencement : *Oh, oh ?* Voilà qui est extraordinaire, *oh, oh !* Comme un homme qui s'avise tout d'un coup, *oh, oh !* La surprise, *oh, oh !*

MAGDELON. – Oui, je trouve ce *oh, oh !* admirable.

MASCARILLE. – Il semble que cela ne soit rien.

CATHOS. – Ah ! mon Dieu, que dites-vous ! Ce sont là de ces sortes de choses qui ne se peuvent payer.

MAGDELON. – Sans doute ; et j'aimerais mieux avoir fait ce *oh, oh !* qu'un poème épique.

MASCARILLE. – Tudieu ! vous avez le goût bon.

MAGDELON. – Eh ! je ne l'ai pas tout à fait mauvais.

MASCARILLE. – Mais n'admirez-vous pas aussi *je n'y prenais pas garde ? Je n'y prenais pas garde*, je ne m'apercevais pas de cela, façon de parler naturelle : *je n'y prenais pas garde. Tandis que sans songer à mal*, tandis qu'innocemment, sans malice, comme un pauvre mouton ; *je vous regarde* ; c'est-à-dire je m'amuse à vous considérer, je vous observe, je vous contemple. *Votre œil en tapinois...* Que vous semble de ce mot *tapinois* ? n'est-il pas bien choisi ?

CATHOS. – Tout à fait bien.

MASCARILLE. – *Tapinois*, en cachette, il semble que ce soit un chat qui vienne de prendre une souris : *tapinois*.

MAGDELON. – Il ne se peut rien de mieux.

MASCARILLE. – *Me dérobe mon cœur*, me l'emporte, me le ravit. *Au voleur, au voleur, au voleur, au voleur !* Ne diriez-vous pas que c'est un homme qui crie et court après un voleur pour le faire arrêter ? *Au voleur, au voleur, au voleur, au voleur !*

MAGDELON. – Il faut avouer que cela a un tour spirituel et galant.

MASCARILLE. – Je veux vous dire l'air que j'ai fait dessus.

CATHOS. – Vous avez appris la musique ?

MASCARILLE. – Moi ? Point du tout.

MAGDELON. – Et comment donc cela se peut-il ?

MASCARILLE. – Les gens de qualité savent tout sans avoir jamais rien appris.

> Molière, *Les Précieuses ridicules*, GF-Flammarion, coll. « Étonnants Classiques », éd. 1997, révisée en 2007, acte I, scène 9, p. 48-52.

1. D'où vient le nom « Mascarille » ? Faites une recherche en ligne rapide pour répondre à la question.

2. Quel trait dominant de son caractère identifiez-vous à la lecture de cet extrait ?

3. Par quel procédé Molière ridiculise-t-il le style précieux ?

Molière et ses influences

(groupement de textes n° 2)

Les menuets de la fin du *Bourgeois gentilhomme* réinterprètent les motifs anciens de la littérature antique ou médiévale. Emblème du lyrisme amoureux, le rossignol et son chant mélodieux font partie des lieux communs repris par Molière. Ainsi, les sonnets de Pétrarque et de Ronsard ont pu se révéler des sources d'inspiration pour le dramaturge.

 ### Pétrarque, *Sonnets* (1342-1374)

Ce plaintif rossignol aux airs mélodieux,
Regrettant ses enfants et sa moitié chérie,
D'un son nocturne emplit le ciel et la prairie,
Multipliant sans fin ses pleurs harmonieux.

Il rappelle mon sort à mon cœur soucieux,
Et m'enseigne en ses chants, que sans cesse il varie,
Que j'ai pour seul danger mon âme endolorie,
Et qu'un froid de mort guide un cœur admis aux cieux.

Que l'erreur est facile au cœur qui se rassure !
L'eût-on pensé !... ces yeux plus brillants que le jour
Ne sont plus aujourd'hui qu'une poussière obscure.

Je connais maintenant ma funèbre aventure :
Il faut que, par ma vie et mes pleurs, à mon tour
J'enseigne qu'ici-bas rien n'est vrai ni ne dure.

Pétrarque, *Sonnets, canzones, ballades, sextines*, trad. Anatole de Montesquiou, Librairie d'Amyot, 1843, t. II, sonnet 270.

Ronsard, *Les Amours* (1555-1556)

Rossignol mon mignon, qui dans cette saulaie[1]
Vas seul de branche en branche à ton gré voletant[2],
Dégoisant[3] à l'envi[4] de moi, qui vais chantant
Celle, qu'il faut toujours que dans la bouche j'aie,

Nous soupirons tous deux ; ta douce voix s'essaie
De fléchir celle-là, qui te va tourmentant,
Et moi, je suis aussi cette-là regrettant
Qui m'a fait dans le cœur une si aigre plaie.

Toutefois, Rossignol, nous différons d'un point,
C'est que tu es aimé, et je ne le suis point,
Bien que tous deux ayons les musiques pareilles :

Car tu fléchis t'amie[5] au doux bruit de tes sons,
Mais la mienne, qui prend à dépit[6] mes chansons,
Pour ne les écouter se bouche les oreilles.

Ronsard (1524-1585), « Rossignol mon mignon », *Les Amours*,
GF-Flammarion, 1981, XLIII, p. 174.

1. Comparez les deux poèmes : pourquoi peut-on dire que le rossignol est un double du poète ?

2. Après avoir relu la cinquième entrée du « Ballet des nations » (p. 152), expliquez comment Molière réinterprète ce poncif[7] poétique.

---

1. *Saulaie* : parcelle de terrain où poussent des saules (le saule pleureur est un motif récurrent dans la poésie lyrique car il évoque le sentiment mélancolique du poète).
2. *Voletant* : qui vole légèrement, de branche en branche.
3. *Dégoisant* : chantant.
4. *À l'envi* : en s'encourageant mutuellement.
5. *Tu fléchis t'amie* : tu fais céder ton amie (le mot « amie » est à prendre au sens de la femme aimée).
6. *Dépit* : chagrin mêlé de déception et de colère.
7. *Poncif* : cliché.

Prolongement : la comédie-ballet

La comédie-ballet : un art de cour, un art total

À l'image de l'amitié qui lia Molière et Lully, dans le premier temps de leur relation, la comédie-ballet est la concrétisation d'un art total qui mêle harmonieusement théâtre, danse et musique, à l'image du mariage artistique déjà pratiqué dans le théâtre antique.

Le terme de comédie-ballet est anachronique du temps de Molière et apparaît pour la première fois dans la sixième édition du *Dictionnaire de l'Académie française* de 1835 : « Comédie-ballet : se disait autrefois d'une comédie dont chaque acte se terminait par un divertissement de danse [1]. »

Le genre de la comédie-ballet est né à la faveur d'une fête organisée en l'honneur du roi Louis XIV. Il s'est développé sous l'impulsion du souverain : satisfaisant son goût pour la musique et la danse, ce dernier s'employait aussi à mettre l'art au service de son pouvoir.

Pour étudier, à partir de la comédie-ballet, les liens entre art et pouvoir sous le règne de Louis XIV, nous vous invitons à vous poser les questions suivantes : dans quelle mesure les artistes dépendaient-ils du roi ? Pourquoi celui-ci a-t-il encouragé les arts, et plus particulièrement les spectacles grandioses ? Comment la comédie-ballet s'est-elle mise au service du pouvoir du roi ?

Observez le tableau représentant Louis XIV en Apollon (p. 4) et montrez comment cette image traduit l'importance que revêt la danse dans le règne du roi.

---

[1]. *Dictionnaire de l'Académie française*, Paris, Firmin-Didot frères, 1835, sixième édition, t. I, p. 346.

Lully, comme Molière, un artiste de la cour de Louis XIV

Giovanni Battista Lulli naît en 1632 à Florence, en Italie, dans une famille modeste. En 1646, à 14 ans, il est recruté par le duc de Guise : l'Italie est à la mode en France, et la nièce du duc, Mlle de Montpensier, veut apprendre l'italien. C'est ainsi que le jeune Giovanni Battista arrive en France en tant que garçon de chambre, fonction qu'il occupe jusqu'en 1652. En 1653, il danse devant Louis XIV dans le *Ballet de la Nuit* et charme le souverain. Moins d'un mois plus tard, il est nommé compositeur à la cour. Il devient rapidement un courtisan en vue et un compositeur de ballets à succès. En alliant musique instrumentale et musique vocale, et en mêlant la tradition française de la danse et la tradition italienne du chant, il invente un style inédit, qui plaît au roi. Le souverain lui témoigne son amitié et son estime : en 1661, le compositeur obtient la nationalité française (sous le nom de Jean-Baptiste Lully) et il est nommé surintendant de la Musique du roi et compositeur de la Chambre.

Dans les années 1660, il participe activement aux cérémonies de la cour : par exemple, il crée le trio de chambre pour la cérémonie du « petit coucher » du roi. Il écrit la musique des divertissements de cour : dès 1665, ses compositions pour les bals de la cour sont publiées. C'est à la même période que le roi lui demande de collaborer avec Molière pour créer des comédies-ballets destinées à être représentées durant les divertissements royaux.

Dans les années 1670, il compose des opéras (ou tragédies lyriques), genre nouveau venu d'Italie qui rencontre un succès grandissant à la cour du Roi-Soleil. En 1672, Lully parvient à acheter le privilège de l'opéra pour toute la France : il possède ainsi le droit d'exclusivité des représentations où figurent plus de deux airs de deux instruments. Il est nommé directeur de l'Académie royale de musique et continue à créer avec succès, pendant quinze ans, des pastorales, des opéras, des ballets et des musiques de cérémonie. Il reçoit l'aide de Louis XIV, qui finance les répétitions et les premières représentations des spectacles, somptueusement mis en scène à la cour. Il meurt en pleine gloire en 1687.

En vous aidant de la présentation de l'édition, comparez les carrières de Molière et de Lully : quels sont leurs points communs ? Quel rôle Louis XIV y a-t-il joué ?

 ## L'importance des spectacles expliquée par le roi

Entre 1661 et 1668, Louis XIV rédige des *Mémoires pour l'instruction du Dauphin*, afin d'enseigner à son fils, futur héritier du trône, le fonctionnement du royaume et les devoirs du souverain. Dans le passage qui suit, il lui explique pourquoi il est important d'organiser de nombreux divertissements.

Cette société de plaisirs, qui donne aux personnes de la cour une honnête familiarité avec nous, les touche et les charme plus qu'on ne peut dire. Les peuples, d'un autre côté, se plaisent au spectacle où, au fond, on a toujours pour but de leur plaire ; et tous nos sujets, en général, sont ravis de voir que nous aimons ce qu'ils aiment, ou à quoi ils réussissent le mieux. Par là nous tenons leur esprit et leur cœur, quelquefois plus fortement peut-être, que par des récompenses et des bienfaits ; et à l'égard des étrangers dans un État qu'ils voient florissant d'ailleurs et bien réglé, ce qui se consume en ces dépenses qui peuvent passer pour superflues fait sur eux une impression très avantageuse de magnificence, de puissance, de richesse et de grandeur.

Louis XIV, *Mémoires pour l'instruction du Dauphin*, 1661-1668, éd. Pierre Goubert, Imprimerie nationale, 1992, p. 135-136.

D'après Louis XIV, pourquoi un souverain doit-il organiser des divertissements ?

Une scène, quatre versions : la cérémonie turque

DOSSIER

La cérémonie turque (acte IV) est l'intermède le plus connu du *Bourgeois gentilhomme*. À l'époque de Molière, l'Empire ottoman et la religion musulmane sont inconnus de la plupart des sujets de Louis XIV ; le dramaturge cherche à étonner ces derniers et à les faire rire en imaginant une cérémonie exotique, à la fois bien documentée (il a bénéficié des conseils du chevalier d'Arvieux, qui a longuement séjourné à la cour du Grand Turc) et très caricaturale. Pour le metteur en scène d'aujourd'hui, la représentation de ce passage clé du spectacle est source d'interrogation : comment adapter la cérémonie afin qu'elle procure au spectateur d'aujourd'hui le même effet de surprise comique ?

 ## Le livret de 1682

Pour se représenter la cérémonie turque telle qu'elle était jouée à l'époque de Molière, les metteurs en scène peuvent consulter la première édition des *Œuvres complètes* de Molière (1682), qui propose une version plus longue et surtout plus riche en didascalies de cette scène. Lors des représentations de la pièce devant le roi, c'est Lully lui-même qui interprétait le Mufti, alors que Molière jouait M. Jourdain.

Six Turcs dansant entre eux gravement deux à deux, au son de tous les instruments. Ils portent trois tapis fort longs, dont ils font plusieurs figures, et, à la fin de cette première cérémonie, ils les lèvent fort haut ; les Turcs musiciens, et autres joueurs d'instruments, passent par-dessous ; quatre Derviches qui accompagnent le Mufti ferment cette marche.
Alors les Turcs étendent les tapis par terre, et se mettent dessus à genoux ; le Mufti est debout au milieu, qui fait une invocation avec des contorsions et des

Dossier | 177

grimaces, levant le menton, et remuant les mains contre sa tête, comme si c'était des ailes. Les Turcs se prosternent jusqu'à terre, chantant Alli, *puis se relèvent, chantant* Alla, *et continuant alternativement jusqu'à la fin de l'invocation ; puis ils se lèvent tous, chantant* Alla ekber.

Alors les Derviches amènent devant le Mufti le Bourgeois vêtu à la turque, sans turban, sans sabre, auquel il chante gravement ces paroles :

LE MUFTI
*Se ti sabir
Ti respondir ;
Se non sabir,
Tazir, tazir
Mi star Mufti :
Ti qui star ti ?
Non intendir :
Tazir, tazir.*

[…]

Après quoi le Mufti demande aux Turcs si le Bourgeois est ferme dans la religion mahométane, et leur chante ces paroles :

LE MUFTI
Star bon Turca Giourdina ? Bis.

LES TURCS
Hey valla. Hey valla. Bis.

LE MUFTI *chante et danse*
Hu la ba ba la chou la ba ba la da.

Après que le Mufti s'est retiré, les Turcs dansent, et répètent ces mêmes paroles.

Hu la ba ba la chou la ba ba la da.

Le Mufti revient, avec son turban de cérémonie qui est d'une grosseur démesurée, garni de bougies allumées, à quatre ou cinq rangs.

Deux Derviches l'accompagnent, avec des bonnets pointus garnis aussi de bougies allumées, portant l'Alcoran [1] : les deux autres Derviches amènent le Bourgeois, qui est tout épouvanté de cette cérémonie, et le font mettre à genoux le dos tourné au Mufti, puis, le faisant incliner jusques à mettre ses mains par terre, ils lui mettent l'Alcoran sur le dos, le font servir de pupitre au Mufti, qui fait une invocation burlesque [2], fronçant le sourcil, et ouvrant la bouche, sans dire mot ; puis, parlant avec véhémence, tantôt radoucissant sa voix, tantôt la poussant d'un enthousiasme à faire trembler, en se poussant les côtes avec les mains comme pour faire sortir ses paroles, frappant quelquefois les mains sur l'Alcoran, et tournant les feuillets avec précipitation, et finit enfin en levant les bras, et criant à haute voix : Hou !
Pendant cette invocation, les Turcs assistants chantent Hou, hou, hou, s'inclinant à trois reprises, puis se relèvent de même à trois reprises, en chantant Hou, hou, hou, et continuant alternativement pendant toute l'invocation du Mufti.
Après que l'invocation est finie, les Derviches ôtent l'Alcoran de dessus le dos du Bourgeois qui crie Ouf, parce qu'il est las d'avoir été longtemps en cette posture, puis ils le relèvent.

LE MUFTI *s'adressant au Bourgeois*
Ti non star furba ?

LES TURCS
No, no, no.

LE MUFTI
Non star furfanta ?

LES TURCS
No, no, no.

LE MUFTI
Donar turbanta, donar turbanta.

Et s'en va.
Les Turcs répètent tout ce que dit le Mufti, et donnent en dansant et en chantant le turban au Bourgeois.

---

1. *L'Alcoran* **:** le Coran.
2. *Burlesque* **:** comique, car très exagérée.

LE MUFTI *revient et donne le sabre au Bourgeois*
Ti star nobile, é non star fabbola.
   Pigliar schiabola.

Puis il se retire.
Les Turcs répètent les mêmes mots, mettant tous le sabre à la main ; et six d'entre eux dansent autour du Bourgeois auquel ils feignent de donner plusieurs coups de sabre.

LE MUFTI *revient et commande aux Turcs de bâtonner le Bourgeois, et chante ces paroles*
   Dara, dara, bastonara,
   Bastonara, bastonara.

Puis il se retire.
Les Turcs répètent les mêmes paroles, et donnent au Bourgeois plusieurs coups de bâton en cadence.

   LE MUFTI *revient et chante*
   Non tener honta :
   Questa star l'ultima affronta.

Les Turcs répètent les mêmes vers.
Le Mufti, au son de tous les instruments, recommence une invocation, appuyé sur ses Derviches : après toutes les fatigues de cette cérémonie, les Derviches le soutiennent par-dessous les bras avec respect, et tous les Turcs sautant dansant et chantant autour du Mufti se retirent au son de plusieurs instruments à la turque.

1. Quels éléments rendent cette scène exotique ?
2. Quels moyens rendent cette scène burlesque ?

La version de Jean-Louis Benoit à la Comédie-Française (2000)

Françoise Spiess décrit la cérémonie turque telle que l'a imaginée Jean-Louis Benoit (né en 1947).

[...] Un coup de tonnerre, et le décor descend[1]. Un Dorante petit, gros, roublard[2] entre à jardin[3]. Panique des valets. Un ballet avec des lanternes se déploie entre les colonnes. M. Jourdain apparaît coiffé d'une perruque insensée. On assiste à son déshabillage et à son habillage. L'encens fume. Des représentants d'une secte inquiétante tournent autour de lui, comme pour accomplir un rite initiatique[4]. Une robe tombe des cintres[5], puis un turban emplumé, un tapis. On emporte M. Jourdain à bout de bras, puis on l'assoit et on le bastonne. On le chausse de ses babouches. Se déploie un ballet avec tous les acteurs, sur une musique grandiloquente et sirupeuse. M. Jourdain a l'air d'un grand enfant qui s'autorise enfin à jouer. Mme Jourdain arrive. Panique tout autour.

Françoise Spiess, *Le Théâtre en coulisses*, © Gallimard, 2001, p. 57.

1. Dans le texte, quels sont les mots qui appartiennent au lexique spécifique du théâtre ?

2. Quels éléments du décor et quels accessoires soulignent l'exotisme de la scène ?

3. M. Jourdain a l'air « d'un grand enfant qui s'autorise enfin à jouer ». Quels sont ses « jouets » ? Pourquoi peut-on dire en effet que ces objets sont des jouets ?

4. D'après la réponse précédente, expliquez comment cette mise en scène nous invite à voir d'un nouvel œil les attributs du pouvoir, et les dirigeants qui les portent.

5. Jean-Louis Benoit n'a pas conservé la musique de Lully, mais a choisi une musique « grandiloquente et sirupeuse ». Cherchez dans

---

1. *Le décor descend* : des colonnes descendent sur la scène, et une toile représentant une porte de temple vient recouvrir le décor précédent.
2. *Roublard* : rusé.
3. *À jardin* : à gauche. Au théâtre, « jardin » désigne le côté gauche de la scène (du point de vue du spectateur), « cour » désigne le côté droit.
4. *Rite initiatique* : cérémonie destinée à admettre quelqu'un dans une religion.
5. *Cintres* : parties du théâtre situées au-dessus de la scène.

un dictionnaire la définition de ces deux adjectifs, puis expliquez ce parti pris. Quelle musique adopteriez-vous pour la cérémonie turque ? Pourquoi ?

L'adaptation de Philippe Car (2009)

Philippe Car (né en 1958) a décidé de récrire la scène de la « turquerie » qu'il rebaptise la scène de la grande « truquerie ». Il reste près du texte de Molière, mais réinvente le « sabir » imaginé par Covielle. Le début de la scène 1 de l'acte V, dans laquelle M. Jourdain rapporte à sa femme le spectacle auquel il vient d'assister, témoigne de cette récriture.

MME JOURDAIN. – Ah miséricorde ! Qu'est-ce que c'est que ce carnaval ? Parlez, dites quelque chose ! Qui vous a déguisé comme cela ?
M. JOURDAIN. – Voyez l'impertinente, de parler de la sorte à un *Matagotchi* !
MME JOURDAIN. – Comment ?
M. JOURDAIN. – Oui, vous devez me témoigner du respect, on vient de me faire *Matagotchi*.
MME JOURDAIN. – Que voulez-vous dire avec votre Matagotchi ?
M. JOURDAIN. – *Matagotchi*, vous dis-je. Je suis *Matagotchi*.
MME JOURDAIN. – Quelle bête est-ce là ?
M. JOURDAIN. – *Matagotchi*, c'est-à-dire, en notre langue, Chevalier.
MME JOURDAIN. – Chevalier ! Êtes-vous en âge de monter à cheval ?
M. JOURDAIN. – Quelle ignorante ! Chevalier, *Matagotchi* : c'est une dignité dont on vient de me faire la cérémonie.
MME JOURDAIN. – Quelle cérémonie ?
M. JOURDAIN. – *Kapishou Jiordina*.
MME JOURDAIN. – Qu'est-ce que cela veut dire ?
M. JOURDAIN. – *Jiordina*, c'est-à-dire Jourdain.
MME JOURDAIN. – Hé bien ! quoi, Jourdain ?

M. JOURDAIN. – *Kishi machigatta Jiordina.*
MME JOURDAIN. – Comment ?
M. JOURDAIN. – *Zubari gochiisô konnichiwa.*
MME JOURDAIN. – Qu'est-ce que c'est ?
M. JOURDAIN. – *Dakedo, dakedo, kuyaka.*
MME JOURDAIN. – Qu'est-ce que ça veut dire ?
M. JOURDAIN *danse et chante*. – *Goshigoshi kushakusha. Goshigoshi kushakusha (et tombe par terre).*
MME JOURDAIN. – Hélas, mon Dieu ! mon mari est devenu fou.
M. JOURDAIN, *se relevant et s'en allant*. – Paix ! insolente, témoignez du respect au grand *Matagotchi*.
MME JOURDAIN. – Il a perdu l'esprit ! Empêchons-le de sortir. Ah ! Il ne manquait plus qu'eux.

Elle sort.

© Adaptation de Philippe Car et Yves Fravega ;
reproduite dans le dossier du CRDP, académie d'Aix-Marseille,
« Pièce (dé)montée », *Le Bourgeois gentilhomme*.

Comparez le texte de Philippe Car avec le texte de Molière.

1. Quelle culture est évoquée par le sabir de Covielle dans cette scène ? Quels mots en particulier permettent de le comprendre ?

2. À quel objet fait penser le mot « Matagotchi » ?

3. Au XVIIe siècle, l'Empire ottoman, dont le territoire recouvrait notamment l'actuelle Turquie, était un objet de crainte et de fascination pour les Européens. Sa situation aux portes de l'Orient, l'exotisme de sa langue, de sa culture et de ses costumes les fascinaient ; mais sa proximité géographique et ses capacités militaires constituaient pour eux un danger. Faites une brève recherche sur la puissance économique du Japon à la fin du XXe et au début du XXIe siècle. Expliquez ensuite pourquoi, dans l'imaginaire français des années 2000, le Japon pouvait occuper une place similaire à celle de l'Empire ottoman dans l'esprit des spectateurs de Molière. Quelles sont les limites de cette comparaison ?

4. Si vous deviez adapter cette scène aujourd'hui, en choisissant de la transposer dans une autre culture, à laquelle penseriez-vous ?

5. Pourquoi Philippe Car appelle-t-il cette scène « la grande truquerie » ? Aidez-vous de la question 2 et du dictionnaire pour dégager au moins deux sens de ce terme applicables au contexte.

6. À votre avis, pourquoi Philippe Car a-t-il décidé de remplacer le mot de « Paladin » par celui de « Chevalier » ? Quelles adaptations cela a-t-il impliqué dans la suite du texte ?

La mise en scène de Benjamin Lazar (2004)

Benjamin Lazar (né en 1977) est un metteur en scène et comédien spécialiste du théâtre baroque. *Le Bourgeois gentilhomme* est sa deuxième mise en scène, datant de 2004, pour laquelle il a voulu se rapprocher autant que possible de ce que fut la pièce au moment de sa création. Il s'est appuyé sur le texte de la première édition, établie en 1682, et il s'est entouré d'autres artistes spécialisés dans cette époque. Vincent Dumestre, directeur de l'ensemble musical Le Poème harmonique, qui interprète des musiques du XVIIe et du XVIIIe siècle, a ainsi participé en réunissant un ensemble issu de différents orchestres habitués à la musique, au chant et surtout à la diction de l'époque. Cette dernière paraît particulièrement exotique au public du XXIe siècle. Les costumes et l'éclairage à la bougie permettent de se faire une meilleure idée du spectacle auquel ont assisté les contemporains de Molière.

Cette mise en scène va donc à l'encontre de toutes les tentatives de modernisation de l'œuvre : au contraire, elle propose un retour aux sources. Ne serait-ce que pour cette démarche, elle mérite d'être vue. Mais Lazar fait aussi ses propres choix et s'écarte parfois des didascalies de Molière.

Une captation, prise en 2004 au théâtre du Trianon, en est disponible en DVD. Observez l'extrait vidéo de la cérémonie turque (de 2.20.20 à 2.34.10) en le comparant au texte de l'édition de 1682 (voir p. 177-180).

1. Cet intermède est destiné à charmer mais aussi à émerveiller les spectateurs ; à faire sur eux, pour reprendre les mots de Louis XIV, une « impression de puissance et de grandeur ». Comment cette mise en scène produit-elle une forte impression ? Quels moments en particulier vous ont paru impressionnants ?

2. Quels sont les effets comiques de cette scène ? Sur quels personnages reposent-ils essentiellement ?

3. Dans quelle mesure Benjamin Lazar s'est-il écarté des didascalies de Molière ? Observez notamment les entrées et sorties du Mufti et de M. Jourdain.

4. Que peut-on dire de la posture générale de M. Jourdain dans le texte de Molière ? Et dans la version de Benjamin Lazar ?

5. En vous aidant de vos réponses aux questions 2 à 4, expliquez en quoi les divergences entre la mise en scène de Benjamin Lazar et celle de Molière renforcent le comique de la scène.

 ## M. Jourdain sur scène

Observez la manière dont M. Jourdain est représenté dans trois mises en scène différentes, p. 3-4 du cahier photos, et répondez aux questions suivantes.

1. Comment M. Jourdain est-il habillé ? maquillé ?

2. Dans chacun des cas, quelle image du personnage est-elle proposée au spectateur ?

3. Dans la mise en scène de la compagnie Agence de Voyages Imaginaires, en quoi la référence aux marionnettes souligne-t-elle un aspect du caractère de M. Jourdain ?

Histoire des arts

(les vanités à travers les âges)

Reprenant les codes de la nature morte, la vanité est une composition symbolique qui amène le spectateur à une réflexion sur l'existence humaine, ses plaisirs et son caractère éphémère. Le genre trouve son apogée en Hollande au XVIIe siècle avec des chefs-d'œuvre de maîtres néerlandais tel Pieter van Steenwijck (v. 1615-1656). Très prisé en Europe du Nord, l'art de la vanité se répand ensuite sur le reste du continent et constitue une catégorie picturale à part entière, qui ne cessera d'être réinvestie jusqu'à nos jours.

Par sa portée morale, la vanité rejoint le comique de Molière. Dans toutes ses pièces, et plus spécifiquement dans *Le Bourgeois gentilhomme*, il ne cessera de transmettre un enseignement à destination des ridicules et des bourgeois de son temps. Le « *castigat ridendo mores* » (« [la comédie] châtie les mœurs en riant ») des pièces de Molière et le « *memento mori* » (« souviens-toi que tu vas mourir ») des vanités nous invitent ainsi à rapprocher deux arts qui œuvrent tous deux pour « corriger » les défauts humains en nous interrogeant sur notre rapport à l'autre et à nous-même.

En vous appuyant sur les œuvres p. 1-2 du cahier photos, vous répondrez aux questions suivantes.

1. Observez la vanité de Pieter van Steenwijck. Quels sont les objets représentés ? Comment sont-ils disposés dans l'image ?

2. Après avoir effectué une recherche en ligne, vous expliquerez de quoi ces objets sont le symbole.

3. Quelle place occupe la lumière dans ce tableau ? Quelle atmosphère crée-t-elle ?

4. Observez la photographie utilisée pour l'affiche du *Bourgeois gentilhomme* mis en scène par Vincent Dumestre. En quoi reprend-elle les codes de la vanité ? Quelle interprétation de la pièce suggère-t-elle ?

Le narcissisme 2.0

 L'« autophotographie »

Le Bourgeois gentilhomme questionne l'image que l'on a de soi, celle que l'on veut donner, et celle que les autres nous renvoient, notamment par leurs flatteries moqueuses ou leur cuistrerie[1]. Cette problématique universelle est devenue omniprésente dans notre société contemporaine qui promeut le culte de l'individu et de son image relayée par les réseaux sociaux (tels Facebook, Twitter, Snapchat ou encore Instagram). Si l'autoportrait photographique existe depuis les débuts de la photographie, l'avènement du numérique en a radicalement modifié la portée. Dès lors que ces clichés sont diffusés sur les réseaux surgissent de nombreuses questions, notamment de propriété et de suppression… Il y a fort à penser que les personnages de Molière se seraient volontiers adonnés à la pratique de l'« autophotographie » si les moyens techniques du XVIIe siècle l'avaient permis !

Consultez le site www.museumofselfies.tumblr.com puis répondez aux questions suivantes.

1. Quel lien entre les œuvres d'art et l'« autophotographie » est-il mis en scène ici ?

2. Quelle place l'« autophotographie » occupe-t-elle dans votre vie ? En faites-vous souvent ? Pourquoi ? Diffusez-vous ces clichés sur les réseaux sociaux ?

3. Quels sont les dangers de cette pratique selon vous ?

---

1. *Cuistrerie* : attitude d'une personne prétentieuse jusqu'au ridicule.

■ À partir d'un tableau de Jacob Jordaens (I), *Portrait de Catharina Behagel*, 1635, Amsterdam (Pays-Bas), Rijksmuseum.

Mieux maîtriser son identité numérique

Internet est désormais au cœur de notre quotidien et, s'il constitue un média riche et accessible, y recourir sans le maîtriser comporte des dangers.

Le Bourgeois gentilhomme nous montre le décalage pouvant exister entre l'image que nous croyons donner de nous-même et celle que perçoit notre entourage. M. Jourdain se pense très seyant dans son nouveau costume et estime que son titre de « Mamamouchi » le rend important, alors que ce sont des sources de ridicule et de moquerie pour les autres. De même que l'on peut se tromper sur la personnalité des gens que l'on accepte comme « amis », comme Dorante se sert du naïf M. Jourdain.

Si toutes ces choses étaient déjà vraies au XVIIe siècle, elles sont démultipliées par les relations numériques. Reconnaître et trouver la ressource utile ; protéger ses données personnelles ; se poser les bonnes questions avant de publier des informations ou d'accepter un ami sont autant de réflexes à acquérir afin d'éviter tout écueil.

Rendez-vous sur le site www.internetsanscrainte.fr : cliquez sur l'onglet « 12-17 ans », parcourez la page et répondez aux questions suivantes.

■ Bien choisir son pseudo

1. Doit-on utiliser son véritable nom sur Internet ?

2. Pourquoi vaut-il mieux choisir un pseudonyme neutre ?

■ Gérer son profil

3. Quelle est la bonne question à se poser quand on crée un profil sur un réseau social ?

4. Pourquoi faut-il faire attention aux photos que l'on publie de soi et des autres ?

5. Comment réagir si une photo de vous est publiée sans votre accord ?

■ Publier correctement des photos ou des vidéos

6. Est-on responsable des photos ou des vidéos que l'on publie ?

7. Quelle autorisation doit-on obtenir pour pouvoir publier une photo ou une vidéo ?

■ Ne pas se laisser faire

8. À votre avis, quelles sont les différentes formes de harcèlement qui existent sur Internet ?

9. Pourquoi certains de ces harcèlements sont-ils passés sous silence par leurs victimes ?

10. Que peut-on faire pour réduire les risques de subir un cyberharcèlement ?

11. Quels conseils donneriez-vous à un ami qui serait victime de harcèlement sur Internet ?

■ Gérer ses mots de passe

12. Quelles règles doit-on suivre pour créer un mot de passe efficace ?

Un livre, un film

Ridicule de Patrice Leconte (France, 1996)

Sorti en salle en 1996, le film de Patrice Leconte remporte un franc succès auprès de la critique et du public. Il obtient quatre Césars, dont ceux du meilleur film et du meilleur réalisateur. Rassemblant les acteurs les plus en vue du cinéma français, il adopte la forme du film historique et revisite le XVIIIe siècle sous le règne de Louis XVI pendant la période prérévolutionnaire. Dans le sillage des

Lumières, l'ingénieur hydrographe[1] Grégoire Ponceludon de Malavoy (interprété par Charles Berling), gentilhomme sans le sou, cherche à assécher les marais de la Dombes pour en faire des terres cultivables et vaincre l'insalubrité. Pour cela, il lui faut réussir à parler au roi. Il découvre alors les codes d'une cour impitoyable où le trait d'esprit est sa seule arme et la séduction un moyen parmi d'autres pour parvenir à ses fins.

Ridicule déploie les caractéristiques attendues du film d'époque : reconstitution de la période historique grâce aux décors et aux costumes, travail sur les dialogues afin d'évoquer l'atmosphère précieuse et les hiérarchies sociales de l'époque et, en toile de fond, l'histoire d'amour entre Grégoire et Mathilde, fille du marquis de Bellegarde. Obnubilés par le « paraître » et les convenances, les aristocrates de la cour versaillaise s'opposent aux gentilshommes de province, désargentés mais éthiquement irréprochables.

L'ambition d'être reçu à la cour rapproche Grégoire Ponceludon de Malavoy de M. Jourdain : tous deux tentent de nouer de « bonnes » relations et voient leurs espoirs déçus. Néanmoins, les deux protagonistes n'essuient pas les mêmes déboires. Tandis que M. Jourdain tourne au « ridicule », raillé par ses proches qui le manipulent gaiement pour arriver à leurs fins, Grégoire, lui, y échappe avec panache. Fidèle à son projet, il parvient à assécher les marais pestilentiels de la Dombes et devient « citoyen Ponceludon » après la Révolution française : l'Histoire lui aura finalement donné raison.

Analyse d'ensemble

1. Tandis que Molière écrit sur les mœurs et coutumes de son époque, le film de Patrice Leconte porte un regard sur le passé. Si la vraisemblance et la fidélité au contexte historique sont de mise, à quoi voit-on néanmoins qu'il s'agit d'une transposition ? Citez un exemple.

---

[1]. *Ingénieur hydrographe* : ingénieur spécialiste des mers, océans et cours d'eau.

2. L'action de *Ridicule* se situe près d'un siècle après celle du *Bourgeois gentilhomme*. Quels éléments dans le film vous permettent d'identifier l'époque ? Classez ces éléments par catégorie (accessoires, discours, actions et cartons[1]).

3. À partir de vos réponses aux questions précédentes, dites quelles possibilités le cinéma offre par rapport au théâtre.

4. Si la pièce et le film traitent d'époques différentes, quelles sont les caractéristiques communes propres à l'Ancien Régime ?

Analyses de séquences

La scène du médecin (de 00.09.05 à 00.10.38 et de 00.22.00 à 00.23.00)

1. Incarnée par le marquis de Bellegarde (interprété par Jean Rochefort) dans *Ridicule*, la figure du médecin parcourt l'œuvre de Molière. Comparez le personnage de médecin d'une pièce de Molière (*Le Médecin malgré lui* ou *Le Malade imaginaire*) à celui du film : quels points communs et quelles différences observez-vous ?

Séquence du repas chez Mme de Blayac (de 00.58.18 – « Treize à table » – à 01.01.40)

2. Comment la noblesse de cour est-elle représentée ?

3. Les rapports sociaux sont particulièrement convenus et hiérarchisés. Comment se manifeste l'hypocrisie générale dans la mise en scène ?

---

1. *Cartons* : également appelés intertitres, il s'agit de textes filmés qui donnent des indications sur le contexte de l'action.